주머니에 나이 한 살을 넣어 두었다

최옥길 수필집

주머니에 나이 한 살을 넣어 두었다

발 행 2025년 10월 10일
지은이 최옥길
펴낸곳 도서출판 태원
24349 강원특별자치도 춘천시 서부대성로 110-2
TEL (033)255-0277 E-mail tw0277@hanmail.net

ISBN 979-11-6349-152-1 03810

값 15,000원

ⓒ최옥길, 2025, korea

이 책은 저작권법에 의하여 보호를 받는 저작물이므로 무단 전재와 복제를 금합니다.

이 도서는 강원특별자치도, 강원문화재단 후원으로 발간되었습니다.

주머니에 나이 한 살을 넣어 두었다

최옥길 수필집

도서출판 **태원**

| 작가의 말 |

내가 글을 쓰는 이유는 무엇일까?
어느 날 문득 생각나는 것은 그건 그리움이네, 맞아, 그리움이었습니다.
열다섯 살에 일찍 이별한 아버지를 내 글 속으로 모셔 오면 우린 이별이 아니라 늘 함께한 것 같은 아버지의 올곧은 성품과 따스한 정이 손끝에 만져졌습니다.
그리고 또 한마디,
"최 선생 글이 예뻐, 읽다 보면 마음이 따뜻해져서 춥지 않아." 오래전 문단 선배님의 따뜻한 그 말 한마디가 내가 글을 붙잡고 있는 또 다른 이유가 되었지요.

내게 주어진 아내 노릇, 엄마 노릇, 세월 가니 시어머니 노릇, 또 할머니 사랑까지 어깨가 무거웠습니다. 아내, 엄마, 시어머니, 할머니 역할은 가슴을 품 넓게 열어 놓았더니 저절로 따라오는 정이 있어 그리 힘들지는 않았습니다.

그런데 글을 짓는 일은 온 마음을 바다같이 열어도 늘 마음속에 섬 하나 오롯이 만들어 놓고 힘들 때가 많았지요.
내 역할 중에 글쓰기가 제일 어려웠음을 고백합니다.

유난히 더운 올여름 땀 많이 흘렸습니다.
처음 가는 길이 서툴고 막막했었는데, 두 번째 그 길을 가면서도 여전히 헤매고 어려웠습니다.
아마도 먼 길 떠나기 전까지는 이 어려운 작업이 계속될 것 같습니다.
내가 가끔 흔들릴 때 등 받쳐주는 버팀목이 되어 준 가족들이 있어 언제나 든든했고, 내색 없이 끝까지 도와준 며느리 승희에게 고맙다는 말 전합니다.
늘 따뜻한 눈빛과 믿음을 보내 준 모든 분과 내게 기회를 주신 강원문화재단에도 감사하다는 인사 올립니다.

2025년 가을에
최옥길

| 차례 |

작가의 말 / 4

1부 / **천천히 가을이 간다**

오후가 흐르는 미술관 11 / 천천히 가을이 간다 15 / 바느질하다 20 / 몽땅 고맙다 24 / 오이지가 익었어요 28 / 자화상 32 / 아름다운 순간은 너무 짧다 37 / 가을과 작별 41 / 배추 이삭 46 / 너무 늦었네 51

2부 / **장미 진다, 오월 가네**

장미 진다, 오월 가네 55 / 다시 서강을 건너다 60 / 그곳은 어떠신가요 65 / 석사천에 봄이 살고 있어요 70 / 나이 들어보니 74 / 나도 보호자가 필요하다 78 / 콩나물국밥 드실래요 83 / 그때는 그랬었지 87 / 시크릿 코인 92 / 밥공기를 바꾸었다 96

3부 /   **주머니에 나이 한 살을 넣어 두었다**

주머니에 나이 한 살을 넣어 두었다 103 / 이야기 둘 -매생이를 잊어버리다 -향천 선생을 보내고 108 / 선운사의 동백꽃과 꽃무릇 113 / 마무리의 품격 117 / 평화 전망대의 바람 소리 121 / 봄이 오는 길 125 / 구곡폭포와 매미 소리 130 / 아들의 골목길 135 / 어떤 이별 139 / 벚꽃 위에 내리는 눈 143

4부 /   **일흔 즈음에**

무던한 사람 149 / 입을 떼다 153 / 평창에는 방아다리 약수가 있다 158 / 꽃에 묻히다 163 / 서면에 감자꽃이 피었어요 167 / 화목원의 대추라떼 173 / 돌나물김치를 담그다 176 / 일흔 즈음에 181 / 바가지와 보리밥 186

5부 /   **엄마를 기억해**

아버지의 초혼 소리 193 / 엄마를 기억해 199 / 묵은지에 두부를 싸서 먹다 204 / 가을 다저녁때 209 / 나비 함지를 아시나요 213 / 참외를 깎다가 218 / 사는 게 재미있으세요? 223 / 두 번 고마운 날 227

1부

천천히 가을이 간다

오후가 흐르는 미술관

 단풍이 보일까 싶어 오후에 지암리를 들어섰다.
 한참을 찾아 들어간 골짜기에서 이제 막 얼굴을 붉힌 단풍을 만났다. 떡갈나무의 황금색 이파리는 여름 긴 장마의 후유증을 앓고 있어 검은 반점이 많이 보인다.
 아쉬운 대로 불그레한 단풍 얼굴을 반기며 골짜기를 더 깊숙이 들어가니 원통형의 둥그런 미술관이 보인다. 이상원 미술관이다.
 미술관 마당에는 지난해도 연두색 풋사과 세 개가 가지런했는데 올해도 아직 익지 않은 풋사과 그대로 반갑게 맞아준다.
 어렸을 적 마당 귀퉁이에 사과나무 한 그루가 있었다.
 꽃잎을 떨군 작은 열매는 정말 더디게 여물었다. 어서 살이 붙어 먹음직하게 익어주었으면 좋겠는데, 아침마다 눈 뜨면 달려 나가 나는 사과 알을 쳐다봤다. 아기 주먹만큼 자란 어느 날 몰래 하나 따서 깨물어보니 풋사과는 왜 그리 떫었는지, 달콤한 과즙을 기대했는데 아직 덜 익은 풋사과는 많이 시고 떫었다.

풋사과와 눈인사 나누고 미술관 4층 버튼을 눌렀다.

화가의 섬세한 붓은 늘 나를 당황하게 만든다. 흰머리에 주름진 얼굴의 노인들은 다가가 손으로 그 주름을 만져보고 싶은 충동을 매번 느낀다. 오늘은 쪽진 할머니의 긴 머리칼이 바람에 날린다.

머리를 뒤로 틀어 올려 비녀를 꽂은 매무새는 너무 낯익어 자리를 뜰 수가 없다. 어느새 노년의 나이테는 얼굴 눈꼬리부터 시작해 이마며 콧잔등에 얹은 삶의 무게가 숨을 쉴 수 없을 정도로 적나라해 그냥 손이라도 덥석 잡아 보고 싶다.

내가 기억하는 우리 어머니의 비녀는 은비녀였다.

일을 하시다 머리칼이 흘러내리면 비녀를 빼 입에 물고 머리를 양손으로 빗어 올려 쪽을 다시 찌고 비녀를 꽂던 모습이 아직 생생하게 기억난다. 강릉 사는 큰고모는 금비녀를 꽂고 친정인 우리집에 오신다.

머리숱도 적은데 금비녀가 술렁 빠져 버리면 어쩌나 걱정스러워했더니 고모는 쪽을 찔 때 댕기에다 비녀를 단단히 감아 쪽을 찌는 것을 보고서야 안심했다.

그림 속의 할머니도 은비녀를 꽂고 계신다. 세월의 손때가 묻어 비녀는 많이 가늘어져 숱 많은 흰머리 쪽을 감당하느라 조금 힘겨워 보인다. 나는 천천히 몇 점의 그림을 눈으로 읽고 마음으로 감탄하며 조심조심 자리를 옮겨 창 쪽에 놓인 긴 의자에 가만히 앉는다.

넓은 통유리 쪽으로 내려다보이는 골짜기는 가늠이 안 되게 깊다. 나뭇잎이 흔들림이 전혀 없는 걸 보니 바람은 불지 않는데 나뭇잎 하나 천천히 떨어지고 있다. 나무도 키가 크고 골짜기도 깊어서인가, 팔랑팔랑 지그재그로 한참을 곡예 하듯 계곡 아래로 떨어져 내린다. 바람이 없는 탓에 한 잎씩 서둘지 않고 조용히 아래로 떨어지는 모습을 창가에 앉아 바라보니 그 또한 살아있는 한 점의 그림이다.

시간이 많이 흘렀나보다, 오후 네 시가 막 지난 시간인데 미술관 반쪽이 산그림자에 가려져 있다.

서쪽 산에 걸린 해가 이제 막 넘어가려 한다.

산이 깊은 동네는 저녁이 언제나 빨리 온다.

자리를 털고 일어나 보니 주위엔 아무도 없다. 곧 날이 어두워지려나 보다. 전시실 계단을 천천히 내려오니 미술관 마당엔 아직 해가 조금 남아있다. 돌아갈 골짜기를 굽이굽이 헤치고 나오니 지암리 분교 앞은 아직 해가 지지 않고 서쪽 산마루에 햇빛이 밝다.

뒤돌아보니 미술관은 골짜기에 묻혀 보이지 않는다

이렇게 서둘지 않아도 될걸, 1층 창 앞에서 지는 해를 바라보며 따뜻한 차라도 한잔 마시고 오는 건데, 골짜기에 내리던 저녁 해가 너무 성급해 내가 같이 서둘렀음이 아쉽다.

해가 질 녘의 미술관과 달콤한 라떼는 잘 어울리는 궁합이었는데 미련이 남아 자꾸 뒤를 돌아본다

둘레둘레 붉은 옷 노란 옷으로 갈아입은 단풍들의 배웅을 받으며 오후가 여러 빛깔로 흐르는 곳을 천천히 떠나왔다.

지암리 골짜기 미술관의 하루가 저물고 있다.

천천히 가을이 간다

날이 밝으려면 아직 이른 시간인데 옆 침대 머리에서 수런거리는 소리에 잠이 깼다.

"엄마 이러면 안 돼요. 약이 안 들어가고 피가 자꾸 새잖아."

딸이 엄마의 두 손을 잡고 안절부절못한다. 급히 간호사가 오고 할머니 두 손이 침대에 묶이고 링거 줄이 고정된다.

할머니의 발버둥이 멈추고 딸의 힘든 숨소리만 아직 남았다.

지금 이곳은 아산병원 응급 병동 입원실이다.

어제 딸아이가 급성 맹장 수술을 하고 입원해 있는 병실 옆 침대에 아흔하나 되신 할머니가 저녁나절 입원했다.

치매를 앓고 계신 할머니는 마당에서 넘어져 귀 뒤가 찢어지고 콧잔등도 많이 상하고 다리도 불편하시다.

머리는 괜찮은지 검사도 하고 다친 부위 치료도 겸해 입원했는데 보호자는 예순이 넘은 막내딸이다.

구겨진 휴지처럼 체구도 자그마한 할머니는 어디서 그런 힘이 나는지 팔다리를 휘저으면 딸이 감당 안 되어 여기저기 부딪히고 넘어진다.

한참 힘을 쓴 할머니가 곤히 잠이 들었다. 숨소리도 새근새근 마치 아기가 잠든 것 같다. 딸은 이불을 꼭꼭 눌러 덮어주고 아기 재우듯 토닥토닥 엄마 어깨를 다독인다.

다음 날 아침 밤새 헝클어진 엄마 머리를 딸이 빗으로 빗긴다. 뒷머리를 손으로 꼭꼭 눌러가며 정수리 가르마까지 반듯하게 타서 빗겨준다.

"아유 우리 엄마 이쁘네." 엄마에게 작은 손거울을 비춰준다.

엄마는 잠깐 거울을 보는 척했지만, 관심은 이미 다른 데로 옮긴다.

반듯한 가르마를 탄 할머니를 보며 우리 어머니 두상과 닮았다고 잠깐 생각했다. 우리 어머니는 돌아가실 때까지 쪽 찐 머리에 비녀를 꽂고 계셨지만, 옆 침대 할머니는 커트 머리다.

닮은 데가 없는데 왜 닮았다고 내가 느꼈을까. 이마의 주름이 비슷하고 앙다문 입 모양이 조금 비슷한가. 노인들이 주는 느낌에서 잠깐 그렇게 연민으로 느꼈던 것 같다.

아흔하나 아기 된 할머니가 딸을 조른다.

"배고파, 밥 줘." "알았어요. 조금 전에 먹었으니 한 시간 있다 드릴게요."

"지금 배고파." 할머니가 딸을 향해 두 눈을 흘긴다.

"엄마 쉬하러 가자." "싫어, 안가." 침대 모서리를 잡고 할머니가 용을 쓴다. "엄마 내 손 꼭 잡고 가자. 옳지, 그렇게 살살 일어서면 되겠네."

딸은 유연하게 할머니를 휠체어에 앉히고 살살 달래며 화장실로 간다.

"엄마 내가 누구야?" "누구긴 언니지." 오늘은 딸이 할머니 언니가 된다.

기억 어디쯤에서 잊혀 주저앉은 할머니 머릿속의 꺾인 부분이 매듭이 풀리듯 어제와 그제와 오늘로 다시 연결될 순 없을까. 지켜보는 내 가슴이 먹먹하다.

"언니야 밥 줘." 아직 딸은 할머니 언니로 남아있다. 내일은 딸이 누가 될까. 할머니 엄마가 될지도 모른다.

"엄마, 꿀꺽 삼켜 꿀꺽." 약 한번 먹이려면 한바탕 소란이 인다. 링거병의 줄을 빼고 입에 넣어준 약을 뱉어낸다.

"엄마 꿀꺽, 약 먹어야 빨리 집에 가지, 집에 가야 홍시도 먹고 고구마도 먹지." 딸이 아기 다루듯 익숙하게 살살 달랜다.

  짜증을 낼만도 한데 너그러운 엄마 노릇을 제대로 한다.

  지금은 무병장수 시대가 아니라 유병장수 시대다.

  65세 이상 노인 열 명 중 한 명이 치매기가 있다고 한다. 온전한 정신을 가지고 건강하다면 그보다 더 좋은 축복이 없겠지만, 머릿속이 헝클어져 엉망으로 뒤엉키는 치매는 본인은 몰라서 큰 고통 모른다지만 지켜보는 가족은 난감하고 고생스럽다.

  딸을 퇴원시키고 돌아와 김장을 했다. 가끔 치매 할머니 생각이 난다. 건강하게 퇴원했으면 싶고 딸 고생을 덜 시켰으면 좋겠는데, 늦가을이 주는 스산함과 할머니 얼굴이 오버랩 된다.

  김장 끝에 남은 무를 잘라 무말랭이를 만들었다.

  아침부터 날씨는 청명하고 햇살은 따사롭다. 손가락 마디보다 조금 크게 썬 무 조각을 채반 세 개에 고르게 펴 널어 베란다 햇빛 쪽으로 내놓았다.

  한 삼사일 말라야 꼬들꼬들한 무말랭이가 되겠지, 이틀이 지나고 나니 제법 말랐다. 수분을 가을볕에 내어준 무 조각이 쭈글쭈글하다. 내 손등의 주름과 닮았다. 칠십여 년 세월의 흔적으로 내 손등 수분도 빠져나가 무말랭이와 같이 마른 힘줄이 생기고 쭈글쭈글하다.

 오늘은 가을볕이 유난히 좋다. 곱던 단풍도 낙엽으로 떨어져 발밑에 수북하게 쌓여 이따금 불어오는 바람에 온몸을 흔들며 햇살에 궁구른다. 남향받이 창 쪽으로 등을 동그랗게 고양이 등처럼 오므리고 앉았다. 어깨에서 등 쪽으로 따스한 오후 햇살이 양쪽 등에서 소물 댄다. 붙잡고 싶은 늦가을 한나절을 가을볕에 기대어 느긋하게 보낸다.

 천천히 가을이 간다.

바느질하다

반짇고리를 찾았다.

우리집 반짇고리래야 쿠키를 담았던 빈 과자통이 재질이 양철이라 단단하고 뚜껑도 있고 크기도 맞춤해서 반짇고리로 쓰고 있다.

실패와 작은 가위 바늘집을 넣고 여분의 단추들과 예닐곱 가지의 색실 타래가 담겨있다. 혹시 쓰임새가 있을까 싶어 치마단 잘라놓은 자투리와 무명천 몇 조각이 오래전부터 자리 잡고 있다.

입던 블라우스의 솔기가 터졌거나 단추가 떨어졌을 때 외에는 나는 바느질은 거의 하지 않는다.

바지 단을 늘리거나 줄일 때도 세탁소에 수선을 해오는 일상이 오래전부터 자리 잡아 바느질의 필요성을 거의 잊고 산 세월이 몇십 년은 된 것 같다.

얼마 전 봄옷을 정리해 여름옷과 바꾸다가 장롱 맨 아래

칸에 두툼한 보자기를 발견했다. '뭐가 들었지?' 꼭꼭 묶인 네 귀퉁이를 풀어 보니 하얀 무명필이 꾸깃꾸깃 실타래처럼 나온다. 어머나! 이것은 내 결혼식 전날 함이 들어올 때 함진아비의 멜빵으로 쓰였던 함 끈 이었다.

자르지 않은 무명 한 필이 고스란히 들어간 부피가 꽤 크다.

꾸깃꾸깃 주름만 졌지 50년이 지났는데도 무명천은 뽀얀 흰색 그대로 부드러운 질감도 변하지 않았다.

오랜만의 해후지만 순간 이걸로 무얼 하지, 함부로 할 수도 없는 소중함에 잠시 정신이 다 멍해진다.

옛날처럼 솜이불을 덮을 때면 이불 솜싸개로 요긴하게 쓸 텐데 요즘 이불은 완성품으로 사서 쓰니 그것도 안 되고 우선 다리미로 구겨진 주름을 스프레이로 물을 뿌려가며 반듯하게 다려 놓았다.

한 열흘이 지났다. 저녁 반찬으로 노각을 썰어 소금에 절였다가 손으로 물기를 짜는데 손아귀가 아파 그 무명천 생각이 났다. '거름 자루를 만들어 쓰자!' 우선 바삐 하나를 만들었다. 무명실을 바늘에 꿰어 박음질로 꿰맸다. 뒤집어보니 대충 근사하다.

식혜 만들 때 엿기름 거르는 자루도 하나 더 만들었다.

나는 요즘 종이 행주를 쓴다.

한 번씩 쓰고 버리니 삶지 않아 편하긴 한데 식탁의 물기가 잘 닦이지 않아 천 행주를 다시 써야 하나 생각한 적이 몇 번 있는데 이 무명천으로 행주를 만들어 쓰면 아주 제격이겠다. 우리 집엔 재봉틀이 없으니, 손으로 박음질을 꼼꼼히 해야 한다.

오늘 아침 설거지를 끝내고 세 개를 만들어 베이킹 소다를 풀어 푹푹 삶아 햇볕에 널었다.

심심할 때 계속 만들어 며느리도 주고 딸도 주고 친구도 줘야지. 새로운 일거리가 생겼네, 실실 즐거운 웃음이 났다.

50년을 장롱 밑에서 나를 기다려준 보람이 있네. 재봉틀이 있으면 후딱 둘둘 박아 낼 텐데 손으로 하자니 시간도 걸리고 이음새가 매끄럽진 않지만 내 손끝에서 바늘로 한 땀 한땀 이어지는 게 나쁘진 않다.

어렸을 적 바느질 배우던 생각이 난다.

여남은 살이 넘자, 어머니는 내게 바느질을 가르쳐 주셨다. 광목천을 주시며 박음질, 홀치기, 시치기, 솔기를 엎어 꼼꼼히 바늘을 당기는 법을 가르쳐 주셨지만 매사 덜렁대는 나는 야단만 맞았다.

오른쪽 무릎을 세우고 왼손에 바느질감을 단단히 잡고 오른손으로 바늘을 살살 당기며 정신을 집중하랬지만 생각처럼 쉽지 않았다.

대충대충, 들쑥날쑥, 삐뚤삐뚤, 바늘 끝에 손가락이 찔려 피도 나고 엉망이었다. 눈물이 쏙 빠지도록 혼도 많이 났다.

등잔불 아래서 어머니는 버선볼을 대시며 혀를 끌끌 차셨다.

"그래 막내가 어른 되면 손바느질 안 해도 될 시대가 올지도 모르지." 어머니는 그렇게 내 바느질 가르치시는 걸 포기하셨다.

내가 초등학교 5학년 때 우리 집도 재봉틀을 장만했다.

금색 인장표 마크가 선명한 발재봉틀이 안방 윗목에 놓이고부터 어머니의 신상이 좀 편해지셨다.

달달달달 재봉틀은 쉬지 않고 일을 했다. 아버지 두루마기도 만들어 내고 어머니 모시 치마도 뚝딱 만들어졌다.

내 옥양목 세라복도 만들어 주시고 언니 혼수도 재봉틀이 도와주어서 어머니는 많이 흡족해하셨던 기억이 새롭다.

나는 오늘 오전 내내 바늘에 실을 꿰어 행주 만들기에 여념이 없다.

어느새 열 장의 행주가 가지런하다.

몽땅 고맙다

 100년만의 더위가 기승을 부린 지난해 여름이다.
 그 한여름 한가운데 음력 7월 초하루가 내 생일이다.
 아침 눈을 뜨자마자 에어컨을 켜 잠들 때까지 친구 해 주던 에어컨이 8월 8일 갑자기 멈췄다.
 24년을 써온 기계가 나이가 들어 한계가 온 것이다.
 전자제품 대리점엔 에어컨 재고가 동이 났고, AS는 오래된 제품이라 부품을 구할 수가 없다고 땀 흘리며 설명해 준 기사님도 우리를 딱해하며 떠나갔다.
 그 와중에 내 생일이라니 며느리가 월차를 내 미역국을 끓이고 전을 부쳐 몇 년 잘 차려 주었는데 내가 먼저 올해 생일은 건너뛰자고 일렀다.
 애매해하는 며느리에게 이 더위에 생일상 받기는 내가 더 미안하니 저녁에 맛있는 것 사 먹자고 등 떠밀어 며느리를 보냈다.

양지머리도 안 넣은 맨 미역국 한 그릇으로 아침을 대충 때웠다. 그게 마음이 더 편했다. 소박한 밥상이 마음에 걸렸는지 남편은 설거지하겠다고 싱크대 앞에 섰고 나는 마른반찬을 챙겨 냉장고에 넣고 행주로 식탁 위를 닦다 옆에 놓인 탁상용 캘린더에 눈이 갔다.

오늘 날짜에 매직펜으로 커다랗게 써진 '玉吉 몽땅 고맙다.' 밑줄까지 그려 놓았다. 웃음이 나왔다.

남편은 원래 기념일이나 생일 챙기는 일에는 무심한 사람이다.

결혼 50년이 훌쩍 지났지만 선물 받아 본 일이 거의 없다. 그저 늘 무심했다. 그 무심에 익숙해져 아무렇지도 않게 생일을 보낸다.

100년만의 더위에 정신이 이상해졌나, 아니면 오늘 아침 식탁 앞자리에 앉은 내 정수리에 흰머리가 많이 늘어난 걸 보고 뭐라도 해야 할 것 같은 마음이 들었었나, 그러면 '생일 축하해.' 말로 하지, 그것도 쑥스러웠겠지, 오랜만에 최고의 선물을 준비했구먼, 나는 못 본 척 읽고는 웃음을 남편 등 뒤로 날렸다.

해방된 다음 해에 내가 태어났다.

모든 게 귀하고 어려웠던 시절 그것도 음력 7월 지난해 농사지은 쌀은 바닥이 났고 햇감자, 햇보리, 강낭콩으로 끼니를 이어갈 때다. 작은 옹배기 하나 가득 산모에게 지어줄 쌀을 비축해둔 외할머니가 산구완 하러 오셔서 여덟 살 먹은 언니에게 마른 바가지 쥐여주며 강낭콩을 까라고 재촉했다. 언니는 작은 손톱이 아리도록 강낭콩을 깠다고 두고두고 할머니 성화가 싫었다고 그 얘기를 지금도 한다.

논에 심은 벼 두벌김을 매고 일군들 점심 뒷바라지를 하시다 어머니는 뒷방에서 나를 낳으셨다.

아들 삼형제는 두어야 울타리가 든든하다고 하시며 은근히 셋째 외손주를 기다렸던 외할머니는 살짝 서운함을 감추시고 그래도 신상은 평생 편하겠다 하시며 웃으셨단다.

오뉴월 개 팔자에 그것도 한낮에는 개들도 마당 귀퉁이 댑싸리 그늘에 배 깔고 쉴 때니 분주하게 살지는 않겠구나, 어머니가 훗날 내게 일러준 외할머니 말씀은 신통하게도 맞아떨어졌다. 나는 부대끼는 누구도 없이 그냥 편하게 막내로 산 것은 맞다. 늘 누군가가 나를 보호해 주고 감싸주는 형제가 있어 고맙게 지금까지 살았다.

여름의 소란이 물러간 지금 하늘은 높고 맑다.

열감기처럼 뜨겁게 여름을 보내고 나니 서늘한 가을이

고추잠자리 사분사분 춤사위 앞세워 마당가에 가득하다.

가을이 오면 남편 생일이 코앞이다.

아껴 두었던 그 말 나도 해야지. "몽땅 고마워요."

오이지가 익었어요

호박잎쌈을 저녁상에 올렸다.

남편과 나는 찐 호박잎을 뒤집어 손바닥에 놓고 밥을 한 숟갈 넉넉히 담아 청양고추 듬성듬성 썰어 넣은 바특한 뚝배기 뽀글 된장을 올려 쌈을 맛있게 먹었다.

호박잎은 교동 사는 문우님이 보내준 것이다.

긴 장마 끝에 덩달아 춤춘 태풍 바비 덕에 채솟값이 다락같이 올랐다. 코로나 때문에 풍물장도 자유롭지 못한 터에, 딩동 우리 동네 사는 아들 오는 길에 호박 좀 보낼게요. 반가운 전화를 받았다.

문우님이 보낸 박스엔 텃밭에서 딴 호박, 오이, 청양고추, 호박잎, 마당에서 익은 향이 달콤한 포도까지, 봉지 봉지 친정어머니 봉개 싸 보내듯 한 박스 가득하다. 아유, 고마워라, 재작년엔 옥수수쌀을 보내주어 나를 감동시키더니. 오이를 하나 물에 씻어 통째 들고 깨무니 어릴 때 텃밭에서 뚝 따서 먹던 그 맛 그대로다.

　아작아작 오이가 입안에서 시원하다. 아는 사람끼리 나눔이란 이렇게 달고 고마운 정이구나, 그 정을 가슴으로 듬뿍 안았다.

　오이지가 익었다.

　담근 지 열흘이 살짝 지나니 노오랗게 오이 몸통에 간이 잘 배고 쪼글쪼글 수분도 적당히 줄어들어 오이지 인물이 괜찮다.

　올해 오이지를 좀 넉넉히 담았다. 50개들이 세 봉지를 담갔으니 두루 나누어 먹을 수가 있다. 항아리 대신 김장용 비닐을 이용했더니 베란다에서 뒹굴뒹굴 굴려 가며 간물을 배게 하고, 눈으로 확인도 쉬워서 정말 간편했다. 오이지가 익었으니 13층 아주머니에게 나누어 드려야지, 봄부터 상추며 가지며 하지 감자도 얻어먹었는데 나누어 드릴 것이 있어 계단 오르는 내 발걸음이 가볍다.

　아침나절 현관 앞에서 만난 장학리에서 농사를 짓고 계신 8층 할머니께서 밭에서 금방 뜯은 것이라며 비름나물을 바구니에서 반이나 덜어 주신다. 끓는 물에 소금 한 수저 넣고 살짝 데쳐 초고추장에 조물조물 무쳐 한 접시 푸짐히 밥상에 올렸더니, 어! 비름나물, 오랜만이네, 남편이 반가워하며 젓가락을 들더니 갑자기 두 눈이 벌겋게 눈물이 번진다. "어머니가 참 좋아하시던 나물인데." 남편은 비름나물에서 어머니를 만나고 아직 눈은 젖어 있는데, 좀 민망했는지 씩 웃는다. 나는 얼른 비름나물 한 젓가락 집어서 간을 본다. 나물 향이 쌉싸래 입안에 확 퍼진다.

8층 할머니가 고마워서 나는 또 오이지 나누어 담을 봉지를 찾는다.

여름 한철 가장 깔끔하게 변함없이 먹을 수 있는 반찬 중 오이지가 제일이다. 처음 오이지를 담글 때는 소금양을 잘 맞추지 못해 짜기도 하고, 다시 담그면 싱거워서 오이가 물러 버릴 때도 있었다. 소금과 설탕과 식초의 배합을 정확히 계량해서 담그면 실패가 없다. 많은 시행착오를 그동안 겪고 이젠 조금 자신이 붙는다.

오이는 참 담백한 반찬이다. 맛도 수더분해서 변덕스럽지 않다.

제철 오이가 나오는 6월 초 오이지용으로 백오이를 사야 한다. 조금 늦게 담그면 오이가 뚱뚱하게 살이 깊어 오이지가 완성된 후 썰어보면 속이 뻥 뚫려있어 맛도 모양도 떨어진다.

6월 초순 손바닥 길이만 한 너무 크지 않은 오이를 선택하는 것도 큰 팁이다. 더위에 입맛이 달아난 날이나 장맛비로 눅눅한 날이거나 오이지는 정말 제 몫을 톡톡히 하는 여름 반찬으로 칭찬해도 과하지 않다.

땀 흠뻑 흘린 날에는 오이지를 썰어 찬 냉수에 담고 실파 송송 썰어 띄우고 매실청 한 수저 슬쩍 얹어주면 더위가 등 뒤로 숨어 버린다. 오이를 동글동글 썰어 물기 꼭 짜서 참기름 깨소금 고춧가루로 조물조물 무쳐내면 습기 찬 장마철 깔끔한 입맛을 오이가 찾아준다.

한 끼 반찬이 그렇게 깨끗할 수가 없다.

여름 오이지의 매력은 단순하면서도 깊이가 느껴지고 오로지 순수한 맛이 생명이다. 입안에서 씹을 때 아작아작 살아나는 맛의 경쾌함이 난 참 좋다.

나이 들어 단짠단짠에 길들여진 입맛에서 가장 안쪽에 고스란히 살아있는 유년의 아련함 같은 질박한 고집이 있어 매년 나는 오이지를 담근다. 그래서 오이지의 연륜은 오래오래 우리 곁에서 여름이면 대접받는 제철 음식으로 자리를 지킬 것이다.

오이지가 노오랗게 잘 익었다.

자화상 自畵像

  오늘 밤도 어김없이 새벽 한 시 언저리에 눈이 떠졌다.
  지난밤 9시 조금 지나 오늘은 꿀잠을 자 보자 다짐하고 잠자리에 들어 다행히 금세 잠이 들었다. 세 시간 반에서 네 시간 정도 자면 눈이 반짝 떠진다. 화장실 한번 다녀오고 내쳐 자고 싶어 자리에 눕지만, 머릿속은 그때부터 맑은 유리처럼 투명해진다.
  오늘 있었던 일 내일은 무얼 할까? 궁리부터 실타래같이 꾸역꾸역 생각이 많아진다. 밤에는 책을 보면 눈이 빨갛게 충혈되어 책도 덮어 버리고 이면지를 묶어놓은 습작 노트를 꺼내 글머리를 잡아본다. 오이지 익은 얘기 호박잎쌈 싸 먹은 얘기 저녁나절 다녀온 미술관 얘기 첫머리만 생각나는 대로 줄줄이 적어놓고 살붙이는 건 나중으로 미뤄놓는다. 미스터 트롯 재방으로 또 보고 내일 아침 찌갯거리 준비도 해보고 아침밥 지을 쌀도 바가지에 담아 놓는다.

이리저리 헤매고 다니다 보면 새벽 세 시가 된다. 조간신문이 왔나 현관문도 열어 보고 다행히 신문이 왔으면 큰 제목부터 대충 읽어보고 그래도 잠이 안 오면 베란다 창을 열고 하늘에 별이 보이나 고개 내밀어 본다, 대룡산 군부대 불빛이 하늘의 별처럼 반짝인다.

홍천 넘어가는 고속도로 가로등도 동쪽으로 길게 늘어서 졸고 있다. 아파트 앞 동 어느 집도 불 켜진 집이 안 보인다. 모두 한밤중 잘도 자고 있는데 나만 구시렁구시렁 잠 안 오는 새벽을 힘들어한다. 묵주기도 5단도 바쳐보고 황토 팩을 따뜻하게 데워 찜질도 해보지만, 어느 것도 내게 잠이 오게 하질 못한다.

나이 들어 습관처럼 자리를 잡은 불면증은 미안한 줄도 모른다. 행동반경은 줄어드는데 생각의 나들이는 몇십 년을 넘나들며 지칠 줄 모른다. 그래도 다행인 것은 생각을 끄적일 수 있는 습관이 있어 조금 숨통이 트인다.

올 초부터 시작된 코로나 후유증으로 나들이도 적고 친구와의 대화도 멀어지다 보니 작은 머릿속은 온통 생각으로 가득하다. 오후엔 스무숲 공원에서 햇볕을 많이 쬔다. 시간도 보낼 겸 불면증에 햇볕이 도움이 된다니까 두 가지 의미로 맑은 날이면 공원으로 나간다. 아이들이 타는 그네에도 앉아보고 한창 고운 단풍과도 만나고 공원이 주는 평화로움이 반가운 날들이다.

루브르 참나무의 단풍은 정말 예쁘다. 하늘 쪽으로 참나무 붉은색이 투명해 온통 단풍 터널을 지나는 기분이다. 15년 전 이 아파트로 이사 올 때는 키가 작아 고만고만하던 나무들이 15년의 성장을 통해 큰 키가 하늘을 찌른다.

한여름엔 시원한 그림자로 더위를 식혀주고 10월 초부터 계수나무를 시작으로 이젠 단풍이 봄꽃처럼 곱다.

어제는 고추장을 담았다.

된장은 지난해에 담았으니, 올해는 고추장만 항아리 가득 담았다.

첫 정월에 사둔 메주를 가을에 담으니 겨울 동안 익는 시간이 길어 좋다. 아파트 햇볕이 겨울에는 베란다 쪽으로 깊숙이 드는 까닭에 내가 생각해 낸 지혜다. 남향받이 창은 아침부터 저녁까지 햇볕이 푸짐하게 든다. 항아리에 장을 가득 담아 창틀 앞에 내어놓으니, 마음이 뿌듯하다.

친구는 내게 "정성이 넘치네! 힘들게 장은 담고 그래. 사 먹어, 사 먹으라고." 나는 아직 장까지 사 먹고 싶진 않은데 매실청을 넣고 찹쌀고추장을 담으면 얼마나 곱고 맛있는데 친구의 지청구도 나는 아랑곳하지 않고 장 담그는 일을 올해도 끝냈다.

 쉽게 사는 방법이 꼭 옳은 것은 아닌 것 같다. 열 손가락 움직이고 재료 준비하는데 벅차지 않으니, 메줏가루를 빻고 보리밥을 엿기름에 삭히며 하루를 분주히 보내고 나면 장 걱정을 안 해도 되니 나는 아마 내 후년에도 올해같이 메주를 주문하고 고추씨를 빻아 장을 담그지 싶다

 오늘이 절기로 상강이다. 보름 후엔 입동이다. 김장 준비를 하나씩 해 놓아야 한다. 마른 고추는 준비해 놓았고 아직 젓갈을 사지 못했다. 예년 같으면 인천 소래포구나 광천에 다녀와 새우젓과 멸치젓을 일찍 준비했을 텐데 코로나로 발이 묶여 김장 시장 열리면 사야 할 것 같다.

 오후엔 오대산 절임 배추 주문을 끝냈다. 간밤에 단잠을 못 자 오전에는 물먹은 솜처럼 쳐지고 의욕이 없었는데 오후 스무숲 공원의 햇살 덕에 소물소물 살아나 일상으로 돌아왔다.

 최옥길(76) 이게 나였구나, 나이가 참 많이 들었네. 아직 철도 덜 든 것 같은데 한해 한해 차곡차곡 쌓이고 보니 정말 배가 부르다.

 누군가는 잊어버린 시간을 만나고 누군가는 멀어져간 추억을 찾아 떠나고 오늘도 난 어제처럼 스무숲 공원의 단풍나무 아래 가을 그림처럼 서서 하늘을 본다.

먼 훗날 후회 남기지 않으려고 오늘도 열심히 산다.

조그맣게 작아진 키를 좀 크게 만들어 보려고 허리를 펴고 기지개를 크게 펼쳐 본다. 가을바람이 크게 웃으며 내 어깨를 툭 건드리고 지나간다.

아주 보통으로, 아주 기본적으로, 내가 나이 들어간다.

아름다운 순간은 너무 짧다

 나이 드니 한해 한해 시력이 나빠진다고 했더니 문우 한 분이 농장에 심어서 가꾼 마리골드를 바삭하게 말려 한 봉지 넉넉히 보내왔다. 아침이면 커피 대신 꽃차를 노랗게 우려서 마신다.
 마알간 유리잔에 마른 꽃 서너 개 넣고 뜨거운 물을 부으면 투명한 유리잔 안에서 노오란 꽃잎이 소물소물 피어난다. 가장자리 꽃잎부터 물속에서 하늘하늘 피어오르는 게 너무 예뻐서 꽃차도 좋지만, 그 꽃잎에 반해 차를 다 마시고도 쉽게 일어서지 못하고 찻잔 속에 핀 꽃을 오래 바라본다. 찻잔에 남아있는 따스한 온기가 손바닥에 한참은 남아 있어 그 따뜻함이 또 좋아 두 손으로 가만히 감싸안는다. 찻잔 속의 마른 꽃이 주는 아침 평화를 즐기다 스무 숲 성당 뒤쪽 안마산에 다문다문 핀 산 벚꽃이 눈에 확 들어왔다. 벌써 벚꽃 피는 계절이 돌아와 있었구나, 서너 달 정신없이 보내는 사이 봄은 어느새 돌아와 나를 깜짝 놀라게 하고 있었다.

  지난 음력 세밑에 남편과 석사동 골목 안 산골 칼국수 집에서 따끈한 칼국수를 먹고 돌아오다 남편이 골목 어귀 얼음판에 미끄러져 넘어지는 사고를 당했다. 고관절 골절상을 입고 치료 중이라 봄이 오는지 꽃이 피는지 알지도 못하고 시간이 흘러가 버렸다. 매화가 폈다느니 벚꽃이 만발했다는 이야기를 풍문으로 들으며 사월 초순을 맞았다.

  예전의 춘천 벚꽃은 사월 중순쯤이래야 만개했는데 사월 첫 주 지난 토요일 우리 부부는 창밖의 봄빛에 주섬주섬 옷을 챙겨 입고 온전하지 못한 걸음걸이로 택시를 타고 소양강 다리를 건넜다. 오늘쯤은 벚꽃이 화사하리라는 기대를 하고 세월교를 지나 소양강 댐 쪽을 바라보니 아뿔싸 어제 하루 종일 내린 비로 벚꽃은 우릴 기다려주질 않고 꽃비로 찬란한 잔치를 마무리한 후였다.

  아름다운 순간은 너무 짧게 지나가 버리고 길바닥에 낭자한 벚꽃 꽃잎만 아쉬움으로 바라보다 근처 막국숫집 의자에 털썩 앉아 버렸다. 막국숫집 아주머니 말씀이 소양강 골바람이 봄비를 몰고 와 밤새 불어대더니 꽃잎이 사흘도

견디지 못하고 떨어져 버렸다고 실망한 나에게 세세히 일러준다. 오늘 소양강 벚꽃길을 보며 그동안 힘들었던 시간을 보상받고 싶었던 우리 부부는 막국수와 수육 한 접시를 열무김치에 버무려 우적우적 맛도 못 느끼고 먹고 돌아왔다.

  세상이 참 이상하게 돌아간다. 꽃피는 시기도 들쑥날쑥 모든 환경 변화가 요지경 속에서 우리는 속수무책이다. 돌아오는 길에 꽃집에 잠깐 들렸다. 밖에서 못 본 꽃구경을 꽃집 안에서 두리번거리다 지난겨울 병원 들락거리느라 잘 보살피지 못한 거실 화분들이 생각났다. 씩씩한 스투키 화분만 온전하고 여남은 개 화분이 모두 비실거리는 게 마음에 걸려 분갈이 흙을 사서 돌아왔다. 새로운 흙으로 영양분을 보충해 주고 앞 베란다에 일렬로 쭉 세워 놓고 시원하게 샤워도 시켜줬다. 답답했던 마음이 한결 안정되고 봄이 온 것이 그래도 반갑고 고마웠다.

  벚꽃은 그냥 지나쳤지만, 연두색 봄옷으로 예쁘게 갈아입은 둘레둘레 산을 바라보며 돌아오는 길이 그리 나쁘진 않았다. 몸이 탈이나 치유하는 중에도 세월은 여전히 추운 겨울을 밀어내고 화사한 봄을 장만해 우리 앞에 짠~ 하고 보여 주기도 하네, 스무숲 공원도 열심히 봄을 손짓으로 불러와 음지쪽엔 아직 목련이 피어있고 아파트 입구 오른쪽엔 작년보다 훨씬 많은 꽃봉오리를 마련한 자목련이 이제 막 피어나고 있었다. 뒤따라오던 남편도 우아한 자목련의 맵시에 오랜만에 환하게 웃는다. 안마산 골바람이 차가워 느지막이 꽃을 피워주는 자목련이 고맙고 어여뻐서 조금 전 소양댐의 진 벚꽃의 서운함이 슬그머니 꼬리를 내린다.

  고단했던 시간이 별일 아니란 듯이 봄은 내게 찾아와 어깨를 다독여주며 위로해 주는 봄빛이 오늘은 참 고맙다.

  가끔은 넘어지고 가끔은 주저앉아도 세월은 아랑곳없이 제 갈 길로 잘 흘러가 준다. 이리저리 삶에서 구겨진 내 자존감도 어느 순간 툭툭 털고 일어서면 아무 일 없었다는 듯 또 그렇게 우리 앞길을 환하게 열어 준다.

  그게 사는 방법이고 삶의 지혜인 것 같다. 아름다운 순간은 너무 짧게 지나가 버리지만 그 화사한 여운은 내년이라는 기다림을 남겨두고 내게서 또 멀어져간다.

  또 새로운 아름다운 순간을 마련하며 이제 그 과정에 익숙하게 닮아지려고 나는 노력할 것이다. 아쉬움 속에서 조용히 올봄을 작별한다.

가을과 작별

 올해 김장은 일찌감치 끝냈다.
 입동도 되기 전에 김장을 한 것은 결혼 후 처음인 것 같다. 나이가 들다 보니 무슨 해야 할 일을 만나면 오래 벼르고 실행하는 일에 금세 지쳐 모든 걸 빨리 마무리 짓고 싶은 마음이 더 크다. 무얼 해야지 하는 과제가 다가오면 예전엔 과정을 즐기며 여유를 가지고 실행했다면 이젠 그 일이 시작도 전에 생각만으로 체력이 벌써 바닥으로 떨어지는 현상이 찾아온 것이다.
 김장할 때가 되었구나, 김장해야지. 계속 되뇌는 에너지 소비가 이젠 내게 버겁다. 올 김장 빨리 끝내자, 생각과 동시 평창 오대산 농가에 절임 배추 제일 먼저 출하하는 날 보내 달라고 예약을 끝냈다. 무, 갓, 파, 젓갈류는 마트에 처음 들어온 날 재빨리 사 왔다. 뜸 들이지 않고 오래 고민하지 않고 이곳저곳 비교하지도 않고 발품 팔지도 않고 감이 오는 대로 깔끔하게 배달 완료했다. 내게 이런 결단력이 있었나 스스로 놀라며 후딱후딱 진행했다.

총각김치와 파김치도 남은 양념으로 재빨리 버무려 김치통에 담아 김치냉장고에 차곡차곡 넣었다. 예전엔 김장하고 다음 날이면 김치 간이 싱거운가? 아니면 짠지 걱정되어 김치 통을 열어 간을 이삼일은 맞추어야 안심했는데 올해는 그 짓도 하기 싫다. 좀 짜면 짠 대로 좀 싱거우면 심심하구나 내 감을 그대로 믿고 일을 끝내니 어찌나 속이 편한지 입꼬리에 슬그머니 웃음이 번진다.

일주일 후 김장김치도 가져다줄 겸 늦가을 바다도 볼 겸 보따리 서너 개 꾸려 강릉으로 떠났다. 딸 생일에 맞추어 미역국도 한 통 덤으로 챙겼더니 짐이 좀 많다.

강릉 가는 길 내내 산국이 노랗게 남아있는 야트막한 산들을 내다보며 가을도 나도 한결 여유롭다.

"엄마 파김치 맛있네, 총각김치도 간이 맞고" 오랜만에 엄마 반찬이 입에 맞는지 딸이 달게 밥을 먹는다. 방어 철이라 대방어회가 기름지고 쫄깃해서 남편은 볼이 불룩하게 방어회를 먹는다.

강릉 바다는 비취색이었다. 파도도 잔잔하고 하늘도 바다도 맑고 바닷빛은 참 곱다. 안목 커피 거리엔 커피 향이 진하게 퍼지고 날렵한 갈매기 날갯짓이 한가롭다. 강릉은 가을이 길다. 안목에서부터 바닷길로 주문진 어시장까지 다녀왔다. 소나무가 유난히 많은 강릉 바닷길은 솔향도 좋지만, 소나무 사이로 보이는 바다 풍경은 정말 좋다. 가는 길에 가끔 들르는 카페에서 눈을 가늘게 뜨고 바다를 오래 바라보면 참 평화가 솔솔 가슴에서 올라온다.

나는 그 시간이 참 좋다.

"올해는 도루묵이 흉년이라 구경도 못 한다우, 내년에 많이 드시게." 시장 아주머니 강릉 사투리가 우리 어머니 말투와 너무 닮아 그 익숙한 어감에 하마터면 '어머니'하고 부를뻔했다.

도루묵을 사러 갔다가 홍게를 한 바구니 사 왔다. 살이 찼을까 걱정하며 사 온 홍게가 의외로 살이 실하다. 찜통에 쪄서 거실 바닥에 신문지를 깔고 앉아 푸짐히 홍게 살을 발라 먹었다. 대게는 아직 제철도 아니지만 항상 가격이 비싸 망설였는데 오늘 홍게는 가격도 만만했고 큼직해서 열 손가락에 홍게 냄새를 발라가며 포식했다.

강릉은 올 때마다 해산물이 싱싱해서 시장가는 길이 즐겁다.

다음날은 섭국을 먹으러 사천항으로 갔다. 해녀 엄마가 따온 자연산 섭으로 딸이 섭국을 끓이는 집이다. 매콤하면서도 감칠맛이 난다. 참가자미구이가 고소해서 밥공기가 어느새 비워진다.

삼일 동안 바다를 보다 돌아왔다. 돌아오는 길에 내린천 휴게소에 잠시 들렀다. 산이 높은 내린천에도 가을이 조용히 떠나고 있었다. 길손들의 발걸음도 공연히 바쁘게 드나들고 추수한 내린천의 잡곡 수수쌀과 차좁쌀 한 봉지씩을 사 들고 나도 바쁜 척 휴게소를 떠나왔다.

터널 사이사이로 가을 산이 보였다. 오른쪽 산마루에 하얀 자작나무숲이 보인다. 늦가을 바람에 잎은 어느새 다 떨어지고 하얀 몸매로 가을 앞에 의연하다. 한 달 남짓 지나면 하얀 자작나무숲에도 눈이 내리겠지. 눈 속의 자작나무를 본 적은 없지만 하얀 나무에 하얀 눈을 얹으면 무척 신비스러울 것 같은 생각이 잠깐 든다.

어느새 산굽이를 다 돌아 나오니 떡갈나무 갈색 숲이 조금 여유롭게 다가온다. 난 이맘때의 가을은 좋은 감정과 서운한 감정이 항상 교차한다. 운동화 코끝에 채이는 가을의 무게는 때때로 나그네 같은 외로움도 있고 수확의 풍요로움도 있어 안정감을 보태 주기도 한다. 가을과 작별하고 돌아와 서쪽으로 기우는 가을볕에 등 기대고 앉아 며칠 분주했던 가을을 조용히 배웅한다.

배추 이삭

 12월도 중순을 훌쩍 넘기고 올해의 끝자락을 붙잡고 있다.
 하늘은 맑고 쾌청하다. 영상 6℃, 미세먼지 좋음, 아침 신문을 들추던 남편이 갑자기 내게 화천 서오지리 연꽃 단지에 가잔다. 을씨년스러운 겨울에 생뚱맞게 웬 연꽃단지? 아마 연꽃의 겨울 풍경이 궁금했나 보다. 갈까 말까 잠깐 망설이다 두툼한 패딩 코드를 입고 따라나섰다.
 현지사를 지나 건너들 다리에 오르니 강은 아래 위쪽이 하얗게 얼어 있었다. 역시 추운 동네구나, 강 아래쪽에 빙어 낚시꾼 서너 명이 하얀 입김을 내뿜으며 옹기종기 모여 있다.
 연꽃단지 연못도 얼어 있고 흰머리 풀어헤친 갈대가 발이 시린지 잠깐씩 불어오는 바람에 온몸을 흔들며 겨울을 보내고 있었다.
 연자육은 까맣게 얼어있고, 꽃대는 겨울바람이 힘겨워

고개를 푹 숙이고 어서 겨울이 지나가기를 기다린다.

카메라를 들고 사라진 남편은 감감하고 혼자 연못가에 놓여있는 나무 의자에 앉아 해바라기하다 마을 쪽으로 시선을 돌려도 시간이 멈춘 듯 인적이라곤 도무지 없다 .

추수 끝난 빈들은 바람만 휭하니 오가고 강아지 한 마리 아는 체를 안 한다. 허리를 돌려 신작로 뒷길을 빙 둘러보니 배추밭이 보인다.

김장 설거지 끝난 배추밭에 이삭이 파랗게 널렸네, 가까이 다가가 눈으로 확인하니 더러는 하얗게 얼어있고 푸른 잎이 남아있는 작은 포기들이 옹기종기 햇빛 바라기를 한다.

살짝 건드려 보니 언 땅에 뿌리를 박은 채 '나 아직 살아있어요' 내게 아는 체를 한다.

밭둑에서 할머니 한 분이 겨울 냉이를 캐고 계시길래 "이 배추 좀 가져가도 될까요?" "맘대로 하슈." 시큰둥한 시선이다.

나는 밭이랑에 내려가 배추포기를 살피니 괜찮은 포기들이 여기저기 보인다.

맨손으로 겉잎을 살짝 젖히니 노란 배춧속이 얼지 않고 그대로 나온다. 한 포기 두 포기 여남은 포기를 뜯어 밭둑에 올려놓고 남편을 기다렸다. 손이 시려 두 손을 조물조물 대며 한참을 기다린 후 돌아온 남편은 질색한다.

남의 밭 배추를 함부로 손대면 큰일 난다고 눈을 크게 뜨고 나를 나무란다.

나는 시골 태생이라 그런지 이런 게 정말 아깝다.

그냥 놔두면 얼어서 썩어 버릴 텐데, 남편을 겨우 설득해 배추포기를 차에 싣고 왔다. 오는 내내 마음이 흐뭇해 실실거리며 웃었다. 돈으로 따지면 몇천 원 될까, 그런데 나는 마음이 부자가 된다.

저녁엔 배추전도 부치고 된장 연하게 풀어 배춧국도 끓여야지, 다행히 배추는 추위를 견디고 살아남아서인지 달고 고소했다.

어디 이삭줍기가 배추만 있을까?

어렸을 적 볏단을 다 실어 나른 빈 논배미엔 낫으로 베어 지게에 얹을 때 벼 이삭이 그루터기에 많이 떨어져 있다. 수고한 빈 들녘과 수고하신 아버지의 땀이 섞인 이삭줍기는 논배미를 날이 저물도록 뱅글뱅글 돌며 작은 종다래끼에 가득 담아오던 유년의 기억이 있다.

"얘야 벼 이삭을 알뜰히 줍지는 마라." 아버지의 그 말씀은 참새의 겨울 양식은 남겨 두라는 의미였음을 그때는 솔직히 이해하지 못했었다.

시골 들에는 참새가 많았다. 추수철엔 참새 떼가 멍석 두어 개 넓이 만큼씩 무리 지어 이 논 저 논에서 우리와 쫓고 쫓기는 숨바꼭질이 계속된다.

참새는 그렇게 우리와 함께 살았다.

벼 추수를 하다 보면 일손이 모자라 콩 타작이 늦어진다.

긴 장대를 얼기설기 맞대어 콩가리를 만들어 콩 단을 묶어 세워둔다. 맑은 날 싸리비로 깨끗이 비질한 마당에 도리깨로 콩 타작을 시작한다. 콩단을 옮긴 콩가리 아래 노란 메주콩이 알알이 흩어져있다. 마른 바가지 왼손에 들고 오른손 엄지와 검지로 콩알을 하나씩 콕콕 집어 담는다.

서리태는 까만색이라 눈을 더 동그랗게 뜨고 살펴야 콩알이 보인다.

바가지 가득 콩을 주워 어머니 앞치마에 주르륵 부어 놓으면 어머니는 웃으시며 대견해하셨지.

벼 타작도 끝나고 잘 여문 콩 자루도 골방에 쌓이고 나면 시골집 처마 밑에 시래기 타래가 매달린다. 가는 새끼줄에 줄줄이 엮인 무청 시래기와 김장 끝난 배추 겉잎이 우리의 겨울을 따뜻하게 해줄 채비를 한다, 겨울바람에 무청은 얼었다 녹기를 반복하며 부들부들한 온전한 시래기로 만들어 준다.

강추위와 눈의 습기가 적당히 보태져 동지섣달을 지나고 나면 시래기는 푸른 잎이 새들새들 말라가며 시래기 맛을 한겨울 추위가 입힌다.

겉잎은 바스락 소리가 나도록 말랐지만, 속 줄기에는 충분한 영양가를 고스란히 담았다. 무쇠솥에 시래기 타래를 오래 삶아 질긴 껍질을 죽죽 벗기고 나면 된장국에서 시래기는 본래의 구수한 맛을 내며 추운 겨울 동안 우리에게 좋은 먹거리가 된다.

나는 올해도 시래기 타래를 준비하며 고향집에서 먹고 자란 한겨울의 그 맛을 뚝배기 가득 담아내고 싶다.

너무 늦었네

추석 성묘 다녀오는 자동차 안에서다.

아들이 느닷없이 "어머니, 아버지랑 호주 여행 다녀오실래요."

여행 제안이다. 늘 자기네 살기 바빠 우리 부부 챙기는 일에 느슨한 것 같아 어떨 땐 서운한 마음이 있긴 있었다.

조금 전 선산 오르는 길이 좀 힘이 들었다.

작년만 해도 천천히 오르면 별문제 없었는데 올해는 차를 세우고 올려다보니 까마득해 자신이 없었다.

차 뒤 트렁크에 있던 남편 등산스틱을 꺼내 오른손에 들었다. 손자가 얼른 내 왼손을 부축한다. 손자의 왼손 부축은 힘이 놀라웠다. 어느새 이렇게 커서 나를 이끌어주지, 대견하다. 쉬엄쉬엄 산을 오른다.

오솔길 왼쪽으로 질펀한 들깨밭에서 들깨 향이 진동한다.

지난해 성묘 때는 묵밭이 되어 흰 망초대가 산을 이루었더니 올해는 들깨가 한창 꽃을 피워 푸짐하게 여물고 있다.

코끝에 익숙한 향이 힘든 나를 응원한다.

성묘를 마치고 돌아와 차에서 내리는 내게 "호주는 봄이니까 지금쯤 가시면 아주 좋을 거예요."

아들의 목소리가 다시 내 어깨에 앉는다.

나는 선뜻 그러겠다고 대답을 못 한다.

산을 오를 때 뒤따르던 아들이 나이 든 내 모습에 가슴이 내려앉았나 보다.

그 상황도 나는 많이 미안하다.

세월 이기는 장사 없다더니 열한 시간 긴 비행시간도 내겐 벅차고 이곳저곳 구경해야 하는 여정도 솔직히 버겁다.

어쩌나, 긴 한숨이 목구멍에서 바람 빠지는 소리를 낸다.

아들에게 들키지 않으려고 나는 슬쩍 고개를 돌려 시치미를 뗀다. 아들아, 너무 늦은 여행이구나, 힘들어서 갈 것 같지 않은데 입안에서 혼잣말로 웅얼거린다.

아무 말 없이 앞서가는 남편의 헐렁해진 어깨 위로 가을볕이 내려앉았다.

우리의 남은 시간이 가을바람에 섞여 깃털같이 가볍게 흘러간다.

2부

장미 진다, 오월 가네

장미 진다, 오월 가네

 올해 오월은 민낯이다.
 화장하지 않은 오월이 아쉽게 지고 있다
 해마다 오월의 얼굴은 화사하고, 도도하고, 분주하고, 빛나던 본래의 얼굴을 올해는 잃어버린 채 지금 길을 나서고 있다.
 코끝에 훅 스치던 도도하던 장미향이 시나브로 지고 있고 꽃잎도 초라하게 색을 잃은 채 올해 오월을 몽땅 도둑맞았다.
 퇴계동 성원초등학교 하얀 철제 울타리 사이로 빨간 덩굴장미가 오월 초 한두 송이 피어나기 시작해 문화원 뒷골목 6단지 아파트 담장으로 장미 넝쿨은 길게 이어지고 있다. 문화원과 평생학습관 교육생 수백 명이 일주일 내내 입에 달고 지내던 아유 이쁘다. 향도 좋다, 그 칭찬으로 작년 오월의 장미는 눈부시게 빛났는데 올해는 오가는 사람도 드물고 눈길 주며 칭찬하는 사람도 만나지 못한 채 장미는 풀이 죽어 채 열흘을 붉지 못하고 시들어 버리고 말았다.

거실 소파에 몸을 묻고 네모난 거실 창으로 네모난 하늘만 무심히 바라보다 그도 싫증 나 마스크를 화장 대신 얼굴에 넓게 쓰고 아직 남아 있을 것 같은 장미를 찾아 나섰다. 길고양이 한 마리가 담장 밑에서 장미 향을 독차지하고 눈을 가늘게 뜨고 졸고 있다가 인기척에 귀찮은 듯 꼬리를 천천히 흔들며 느릿느릿 걸어 나온다.

나는 코를 꽃잎에 가까이 대고 큰 숨으로 들이마신다. 아직 아쉬운 듯 남아있던 아찔한 향이 내 몸 실핏줄을 따라 온몸에 골고루 퍼진다. 오월의 끝자락을 붙들고 내가 호사하고 있네, 끝물 장미향이 올해의 암담한 그 오월의 맨얼굴이다.

꼬박 석 달을 갇혀 지냈다.

자고 나면 확진자 몇백 명씩 불어나니 현관문 나서기가 정말 두려웠다. 스무숲 공원에 산수유가 노랗게 피던 사월 초엔 가끔 공원 나무 의자에 앉아 따뜻한 봄 햇살을 어깨 위에 수북하게 얹으며 곧 좋은 날이 올 거야, 내심 기대하며 사월을 보냈었는데….

당연했던 일상이 많이 그립다.

 차 한 잔으로 나누던 친구와의 느긋하던 오후의 대화도 그립고 봄볕에 얼굴 탈까 봐 조바심하던 그 외출도 요즘은 너무 그립다. 가고 싶은 곳을 맘대로 갈 수 있던 그 자유가 아쉬워 창문을 열고 서먹하게 하늘만 쳐다보는 시간이 자꾸 늘어난다. 얼굴과 목 언저리에 내려앉은 햇살이 고마워 오늘 오후엔 어딜 갈까? 궁리 중이다.

 사농동 인형극장 건너편 산림조합에서 봄이면 문을 여는 나무시장이 생각났다. 마스크 귀퉁이를 꼭꼭 눌러쓰고 길을 나섰다. 여기도 어김없이 마스크 행렬이다. 길가에 세워 둔 차들이 빼곡하다, 우리 부부처럼 저들도 참다 참다 봄꽃을 찾아 이곳까지 왔구나, 엄마 손 잡은 네 살배기 아기도 마스크를 불평 없이 썼다. 많이 불편할 텐데, 밖에 나온 것만으로도 반가운지 짜증도 없이 까만 눈망울이 또록또록 방글거린다.

 데이지 작은 포트 열두 개들이 한 상자가 8천 원, 보라색 팬지는 6천 원이다. 향이 좋은 히아신스 화분도 두 개 골랐다. 돌아서다 흰 마가렛도 상큼해서 한 상자 더 욕심을 부렸다. 꽃은 슬쩍 지나치며 무심히 보아도 예쁘다. 얼굴을 가까이 자세히 보면 더 예쁘다.

예쁜 봄꽃을 커다란 박스에 모두 담으니 두 팔은 무거워도 마음은 더없이 가볍다. 나무 시장에 가득 넘치는 봄을 덜어와 거실 창 앞에 수북이 내려놓으니 메말랐던 오월이 화사하게 집안에 가득하다.

오월이란 말은 언제 들어도 싱그럽고, 밝고, 화사하고, 희망이 느껴지는 말이다.

살면서 어느 순간 주춤주춤 다가오는 어떤 두려움도 없고, 여름의 무기력도, 여름 장마의 우울함도 오월에는 없다. 가을 낙엽이 주는 쓸쓸함도 초조함도 없고, 두 손과 온 마음이 추운 겨울의 막무가내 강추위도 없는 오월은 정말 마음 두근거리는 그런 계절이다.

오월이란 단어는 어디에다 갖다 붙여도 희망적이고, 저절로 입꼬리가 열리는 미소가 지어지고, 웬만한 부족함도 감싸주는 마법 같은 말이다. 환하게 터지는 어린이의 환희가 있는 달이고, 어버이의 사랑에 고마움을 온몸으로 표현하고 싶은 사랑이 있고, 궂은일, 힘든 일, 좋은 일을 함께 나누는 부부의 믿음이 확인되는 그런 계절이 오월이다. 해맑은 어린아이의 웃음소리 같은 달이고, 머리에 하얗게 세월을 얹어도 서글프거나 덧없지 않고 그저 고마움으로 눈

웃음이 가늘게 지어지는 달.

누군들 오월을 싫어할까마는, 나는 오월을 참 좋아한다. 사분사분 잠자리 날갯짓 같이 발걸음이 어여쁘고 조곤조곤 낮은 목소리로 내게 말 걸어주는 어머니의 한없는 눈빛 같은 오월이 정말 좋다. 연둣빛 새순으로 우리의 멍울진 마음을 보듬어 주고 맑고 투명한 사랑으로 매무새가 고운 걸음걸이가 우리에겐 늘 익숙한 그런 오월이기도 했다.

아쉽게도 올해의 오월은 예년의 오월값을 반의반도 못하고 보내게 되어 마음 한쪽을 서운하게 내려놓으며 이제 떠나보내고 있다.

내년의 오월은 올해의 못 채운 반의반을 덤으로 얹어 장미 향같이 화사하고 고운 얼굴로 다시 만나길 소망한다.

길 떠나는 오월에 가만히 손 흔들어 준다.

잘 가요 오월.

다시 서강을 건너다

유월의 햇살이 뜨겁다.

넉 달 가까이 우리 의지와 상관없이 모두 침잠沈潛의 시간 속에서 숨만 쉬다 오늘 모처럼의 외출에 생기가 돈다.

창문 틈으로 비집고 들어오는 삼사월 봄소식을 마냥 걱정스럽고 서먹하게 보내 버리고 뒤이어 장미향이 코끝을 유혹해도 난 모른 척 오월을 창문 밖으로 밀어 버렸다.

주고받는 대화에도 윤기 하나 없이 버석거리는 일상에서 슬슬 지쳐갈 무렵 유월 첫째 주 우리는 용기를 내어 영월을 찾았다.

오랜만의 나들이에 입을 가린 마스크는 조금 불편했지만, 입으로 웃기보다 눈으로 더 많이 웃고 주먹 인사를 나누며 그동안의 안부가 마음을 더 따뜻하게 채워주었다.

청령포를 찾기 위해 서강 앞에 섰다.

예전에 없던 나무 계단이 강 쪽으로 가파르다.

서강은 그사이 눈대중으로 강폭이 조금 좁아져 보였고, 물살은 잔잔하다. 옛날 서강을 건너던 나룻배는 여남은 명의 손님을 태우고도 뒤뚱뒤뚱 힘겨운 듯 다녔는데 오늘은 나룻배 대신 커다란 쾌속정이 강원수필 가족 모두를 태우고도 빈자리가 남을 만큼 품이 넓었다.

십분도 채 걸리지 않아 쾌속정은 순식간에 서강을 건너 청령포 모래사장에 우리를 내려 주었다.

근계국이 강둑에서 노랗게 웃으며 우리를 반긴다.

자잘한 강돌을 밟으며 천천히 걸어 청령포 관음송 앞에 섰다. 참 오랜만이다. 이곳을 다녀간 지 오십 년이 훌쩍 지났다. 나에게 청령포는 특별한 사연이 있는 곳이다.

공무원 초년 시절이었다.

그해 여름 연례행사에 4H 회원 40여 명을 데리고 하계 수련회를 이곳 청령포에서 열었다. 직원 10명과 회원 40명, 50명의 인원이 텐트를 치고 3박 4일 일정에 들어갔다. 아마 7월 말쯤으로 기억된다. 장마가 거의 끝나고 행사 시작하는 첫날 청령포의 하늘은 맑았다.

하루를 자고 나니 검은 구름 속에 끝 장마의 복병이 숨어 있었는지 서녁나절부터 슬금슬금 보슬비가 내리더니 다음 날은 폭우로 변해 버렸다.

잔잔하게 흐르던 서강이 밤새 붉은 흙탕물로 불어나고 수련회 일정에 차질이 생겼다.

준비한 식량도 부식도 비에 젖은 텐트도 우리를 불안하게 만들었다. 서강의 물소리는 점점 거칠어지고 밤잠을 못 자고 꼬박 새운 직원들이 머리를 맞대고 회의를 거듭했다.

내일이면 식량도 바닥일 텐데 회원들도 안절부절못한다.

이제 비는 멈췄지만, 서강의 물살은 아직 거세기만 했다.

드디어 결단이 내려졌다.

행사를 주관하는 계장님과 담당 직원이 단종어소 동쪽으로 높이 보이는 아찔한 철길을 걸어서 강을 건넜다.

영월역에 부탁해 용산역에서 태백으로 가는 석탄차를 세우기로 약속을 받고 다시 철길을 건너 청령포로 돌아왔다.

저녁 7시 우린 젖은 짐을 정리해 등에 지고 산길을 기어올라 철로 변에 섰다. 긴 기적소리와 함께 검은 석탄차가 우리 앞에 멈췄다. 무사히 우린 청령포를 벗어났다. 영월초등학교 교실에서 그날 밤을 보내고 다음 날 아침 우리는 서로의 모습을 보고 웃지도 울지도 못하는 일이 벌어졌다.

기차에 오르내리느라 손은 새카만 석탄가루로 범벅이고

얼굴과 옷이 온통 석탄가루로 도배를 한 채 두 눈만 반짝반짝했다. 몰골이야 어찌 됐든 청령포의 탈출이 너무 아찔했고 모두 무사함만이 감사할 뿐이다.

  그때 같이 근무하던 직원을 지금도 가끔 만나면 우린 그때의 그 절박했던 순간을 이야기하며 천운을 감사한다.

  오늘 다시 이곳 청령포에 서니 주마등처럼 스친 그 옛날 일이 꿈속 같다.

  지금은 핸드폰도 있고 연락 방법이 많겠지만 50여 년 전의 그 상황은 오랫동안 나를 영월 기피증으로 남아 있게 했다.

  그 후 50년이 지나도록 청령포를 한 번도 찾지 않았다.

  스치듯 몇 번 영월을 다녀갔지만 애써 이곳은 외면하고 살았다. 이곳 청령포를 찾으면 그때 무섭게 떨리던 트라우마가 되살아날 것 같은 두려움이 솔직히 있었는데 상처는 세월이 아물게 했는지 어? 괜찮네. 큰 숨으로 가슴을 쓸어내렸다.

  오늘 여름 소나기같이 불쑥 찾아온 내게 이곳은 더 이상 두려운 곳이 아니고 추억이 서린 곳으로 세월은 정말 약이었다.

청령포엔 간간이 바람이 불고 있다.

단종어소를 한 바퀴 휭 돌아 나온 바람이 관음송 솔가지에서 잠시 쉬어간다. 어소 지붕 위로 까마득히 올려다보이는 새카만 철길을 나는 눈을 가늘게 뜨고 오래오래 쳐다본다.

지나간 세월과 잠시 조우遭遇한 나에게 청령포의 무심한 바람은 어깨너머로 비껴서 불고 있다.

그곳은 어떠신가요

  풍물시장으로 갈 때 내가 늘 타고 다니던 200번 시내버스가 손님 세 사람만 동그마니 태우고 지나간다.
  저녁 반찬거리를 사러 마스크를 코끝에 꼭꼭 눌러쓰고 차를 가지고 하나로마트로 가는 길이다.
  마트로 가는 길 내내 길 위에 차들이 드물다.
  코로나 확진자가 백 명을 넘어서자 나도 외출하지 않았다.
  삼시세끼 냉장고 아래위 칸을 파먹고 며칠 전부터는 냉동실에 꼬불쳐둔 마른 생선까지 들추어 반찬을 했다.
  황태 봉지도 나오고 대구포도 서너 마리 구석에서 아는 체를 한다.
  작년 5월에 넣어둔 곰취 나물도 무쳐 먹고 곤드레나물밥도 하고 취나물 된장국도 끓여 나물 향으로 근근이 버티고 있다.
  지금 창밖엔 봄빛이 확실하다. 2일 7일 풍물장 단골인 나는 예년 같으면 벌써 달래를 사다 초고추장에 무치고 뿌리가 실한 냉이를 골라 냉잇국도 끓였을 텐데, 차를 타고 지나다 보니 풍물장엔 아무도 없다.

코로나로 오일장도 폐장된 지 오래다.

이제는 냉이도 꽃이 피었겠네, 달래 잎도 너무 자랐을 것 같고, 올봄 냉이와 달래는 입맛 속에서만 그 맛과 향이 살아있다.

공지천 강둑에 서 있는 아직은 회색빛의 버드나무 가지 끝에 수줍은 연두색이 바람결에 언뜻언뜻 아련하다.

한식이 되려면 아직 보름이나 남은 날, 이른 성묘를 다녀왔다. 날씨는, 봄을 머리에 얹은 채 하늘은 맑고 기온은 온화하다. 나른한 봄기운을 거실에서 달포가 넘게 지켜보다 오늘은 어디라도 집 밖으로 나가고 싶어 어머니 산소 성묘를 가기로 했다.

지난해 추석에도 미루다 가지 못한 성묘는 한식을 기다리기엔 내 마음이 견디지 못해 이른 새봄에 채비를 서둘렀다.

자동차 내비게이션을 켜지 않고도 잘 찾아가던 곳을 오늘은 두 곳에서 헤맸다.

경기도와 강원도를 넘나드는 길이 두 갈래 익숙지 않아 길가에 차를 세우고 내비게이션을 다시 켰다.

횡성 풍수원성당 쪽에서 들어오는 길과 양평 쪽에서 들어오는 길이 애매하게 헷갈린다. 국립하늘숲추모원, 산림청에서 운영하는 수목장이 강원도와 경기도의 경계에 자리 잡고 있다.

작년 추석 성묘를 걸렀을 뿐인데 산으로 오르는 길이 조금 낯설다. 재작년에 없던 나무 계단이 새로 세워져 긴가민가 서먹했다.

산소로 오르는 길에는 갈잎이 발목이 푹푹 묻힐 만큼 쌓여 오솔길이 없어져 버렸고 아직 산 제비꽃도 피지 않은 산길은 적막했다.

낙엽을 발로 밀며 겨우 올라가 명패를 확인하니 긴 겨울을 보낸 떡갈나무는 아직 검은빛이고 명패도 겨울바람에 얼굴이 하얗게 닳아 있었다.

나무를 가슴으로 꼬옥 안아본다. 내 체온이 어머니에게 전해지길 바라며 찬찬히 나무를 올려다보며 두 손으로 다독거려본다.

상석이 없는 비스듬한 비탈에 작은 돗자리 펴놓고 준비해 간 제수를 차린다. 아버지는 술을 좋아하셨지만, 어머니는 입에도 안 대신 걸 유념해 식혜를 따로 준비해서 올린다. 옹색하게 절을 드리고 앉아 지난가을 펴낸 수필집을 꺼내 펴놓았다.

어머니 이야기, 아버지 이야기가 절반은 되는 수필집이다.

오냐, 내 딸 수고 했구나, 난 그 말이 간절히 듣고 싶다. 늘 나를 믿어주고 칭찬해 주던 어머니 속마음을 아는 터라 오늘도 꼭 그러리라 믿는다. 그저 내 어깨 토닥여 주는 따뜻한 칭찬이 목이 메게 그리울 뿐이다.

어머니 거긴 어떠신가요? 이곳은 지금 전쟁을 치르고 있습니다. 코로나 때문에 매일매일 살얼음판을 걷는 것 같아요. 외출을 못 한 지가 달포가 지났고 언제 이 상황이 끝날지 아무도 짐작하지 못합니다. 식구 수대로 얼굴에 마스크를 쓰고 사는 답답한 나날입니다.

모든 게 불안한 상태인데, 그래도 봄은 오네요. 스무숲 공원 귀퉁이에 개나리 꽃망울이 쌀알만큼 노랗게 눈을 떴고 보송한 솜털로 온몸을 감싸고 있던 목련도 오늘 아침 햇살에 손마디 하나쯤 되게 흰 봉우리를 내밀었어요.

봄은 조금씩 산을 넘어 자작자작 우리 곁에 가까이 오는데 마음은 한겨울 추위만큼 얼어붙어 있어요.

어머니 그곳은 이런 시련은 없는 곳이지요? 하실 수 있으시면 이 어려운 시련 하루빨리 멈추게 도와주세요.

추석 성묘 때는 온 가족이 다 모여 다시 뵈러 올 수 있었으면 좋겠습니다.

꼭 그렇게 되겠지요.

그동안 꿍쳐 두었던 속내를 두런두런 나누다 보니 시간이 많이 지났나 봐요, 주섬주섬 자리를 털고 일어난 남편이 이젠 가야지 눈으로 말하며 슬그머니 돗자리를 접네요.

산비탈 경사진 내리막길을 짧게 짧게 한발씩 떼어 놓으며 자꾸 뒤가 돌아보여 발길이 안 떨어집니다.

가지 끝에 앉아 쉬고 있던 바람이 어머니 손짓같이 조금씩 흔들립니다.

어여 조심해 가거라, 뒤돌아보지 말고, 미끄러질라, 그냥 내처 내려가렴.

어머니 말씀이 귓가에 조용히 스칩니다.

등 뒤로 배웅 나온 바람이 조금씩 내 등을 밀어주며 길을 내어줍니다.

석사천에 봄이 살고 있어요

 내가 처음 석사천을 걷던 날은 2월 초쯤이다
 아직 겨울의 한가운데라 날씨가 차가워 패딩 오버를 입고 털목도리로 목을 찬찬히 감고 따뜻한 모자까지 눌러쓰고 길을 나섰다.
 몇 년 전부터 오른쪽 무릎이 퇴행성 염증으로 걸을 때마다 고통스러워 걸음걸이가 자유롭지 못했다. 하루 30분씩 걷기 운동이 도움이 된다는 처방을 받고 꾸준히 걷고 있다. 10여 년 안마산 등산을 다니던 남편이 눈길이 미끄러워 석사천 걷기 운동으로 바꾼 후 내게 늘 그곳으로 같이 걷자고 설득했지만 힘들 것 같은 코스라 매번 고개를 젓고 말았다.
 남편이 아파트 입구에서 오른쪽으로 길을 잡으면 나는 늘 왼쪽으로 아파트 계단을 내려와 스무숲 공원을 매일 뱅글뱅글 돌았었다.
 어느 날부터인가 공원 돌기가 싫증도 나고 석사천 길이

궁금도 해서 슬그머니 남편 뒤를 따라 석사천 강둑으로 내려섰다. 남편은 내가 힘들어할까 봐 다니던 코스를 반으로 뚝 잘라 줄이고 보폭도 적당한 걸음걸이로 나를 배려해 주었다. 군데군데 의자가 있어 힘들면 앉아 쉴 수도 있어 괜찮네, 하루이틀 지나니 재미가 솔솔 붙는다. 집에 돌아오면 한 시간 십분 딱 알맞은 거리다.

그렇게 시작한 석사천 산책이 넉 달을 넘기고, 이젠 아주 익숙한 걸음으로 둘레를 두리번거리며 즐겁게 걷게 되었다. 눈이 내리던 날도 뽀드득뽀드득 눈길을 걸었고 비가 오는 날도 우산에 떨어지는 빗소리를 들으며 성큼성큼 걸었다. 깊지 않은 강에는 겨울 철새 청둥오리가 많이 산다. 얼음이 얼었어도 용하게 물고기를 잡아 올리고 있다. 잠수할 때는 빨간 두 다리가 하늘을 향해 바둥거리며 열심히 물질을 한다. 삼월이 끝나갈 무렵 처음 개나리가 강둑에 노랗게 봄소식을 전해왔다. 며칠 후엔 매화꽃이 팝콘처럼 터지고 버드나무에 물이 오르더니 버들강아지가 보송보송 얼굴을 드러냈다. 강물엔 연두색 수초가 쑥쑥 자라고 밤새 봄비가 강물을 이리저리 물꼬를 터주어서 옹알이하며 조용히 흐르던 물소리가 어제보다 한결 우렁차고 씩씩해졌다.

석사천엔 길이 셋이나 있다. 건너편 삼익아파트 아래 제일 넓은 길이 있고 강 이쪽엔 자전거길인 윗길과 폭이 넓은 아랫길이 두 군데, 자전거가 다녀도 좋고, 걷는 사람과 부딪힘이 없이 넉넉하다.

  매화꽃이 봄비에 조용히 꽃잎을 강물에 흘려보내고 나자, 벚꽃이 활짝 봄을 연다. 열흘쯤 벚꽃에 취해 길을 걷다 보니 철쭉이 얼굴을 붉히며 반가워하고 잠시 뒤 노란 애기똥풀이 봄바람에 하늘하늘 앙증맞게 노닌다. 쑥부쟁이도 쑥쑥 자라고 망초대가 한 움큼씩 씩씩하게 강둑을 자리 잡아 간다.

  햇볕이 넉넉한 인심으로 사월을 펼치니 풀들은 세상 만났다 싶은지 세 다툼이 한창이다. 쇠뜨기의 강인한 생명력은 가장 왕성하게 세를 불리고 연두색 망초대가 초록으로 옷을 갈아입으며 씩씩해진다. 어느새 버드나무는 하얀 꽃가루를 바람에 날리며 봄을 보낸다.

  나는 윗길로 시작해 태백교 아래서 유턴하여 아랫길로 내려선다. 어제오늘 오리들이 이사를 했는지 보이질 않는다. 어디로 갔을까?

  시베리아 추운 겨울 나라로 빨간 두발과 날개를 활짝 펴고 아마 그곳으로 날아가 버렸나 보다. 추운 겨울이 돌아오면 잊지 않고 이곳으로 다시 돌아오겠지. 아쉬움을 그렇게 달래본다.

  오늘은 오월 날씨가 화창해 반소매 셔츠로 갈아입고 길을 나섰다.

  밤잠이 성글어 가끔 애를 먹는데 햇볕을 많이 받으면 도움이 된다기에 팔뚝이 새카맣게 타거나 말거나 신경 쓰지 않고 씩씩하게 걷다 보니 지나는 바람이 진한 꽃향기를 선물로 던져주고 생색 없이 사라진다. 무슨 꽃이지, 둘레둘레 주위를 살폈더니 강둑에 두 그루의 아까시나무에 하얀 꽃송이가 가득 열렸다. 맞아, 오월엔 아까시꽃이 있었지, 고급스러운 향수 냄새에 두 코를 벌름거리며 지나는 바람을 잡아당겨 꽃향기에 취해본다. 한 일주일가량은 이 꽃향기에 행복해질 것 같아 웃음이 저절로 난다.

  다음 주엔 또 어떤 모습이 나를 감동하게 할까, 기대된다. 석사천의 사계절은 언제나 즐겁고 예쁘고 기다려지는 재미가 쏠쏠하다. 추운 날 이 길을 걸을 때는 쉬는 의자가 햇볕 쪽에 놓여있어 반갑고 고마웠는데 오월이 되니 콧잔등에 땀이 송송 배어 나온다. 오늘은 쉬어가는 의자가 나무 그늘 쪽에 있었으면 좋겠다, 그 생각을 하며 걷다 보니 내 욕심이 너무 과했나 잠시 부끄러워 햇볕에 따뜻하게 데워진 의자에 조용히 앉으며 슬며시 혼자 웃었다.

나이 들어보니

 두부를 사러 가다 우체국 옆 골목 시멘트 바닥에 털썩 넘어졌다. 순식간에 일어난 일이라 왜 넘어졌는지 도무지 감이 잡히지 않는다. 걸려 넘어질 돌멩이도 없고, 시멘트 바닥에 계단도 없고, 그냥 내 두 발이 살짝 엉키면서 중심을 잃었다.
 정강이 근처가 확 아려왔지만 우선 주위를 둘러본다. 다행히 지나는 사람은 아무도 없고 골목길이 비어 있다.
 손바닥으로 땅을 짚고 엉거주춤 일어섰다. 무릎아래 두 군데 피가 번진다. 얼른 바지를 다독거리고 두붓집에 들러 두부를 사서 절뚝거리며 돌아왔다 .
 남편은 피가 번진 다리를 보더니 딱한 눈으로 혀까지 끌끌 차며 약통을 가지고 와 연고를 바르고 넓은 밴드를 붙여 준다. 나는 아무 말도 하기 싫었다. 백주 대낮에 행길에서 속절없이 넘어진 내 모습이 많이 속상할 뿐이다.
 장마가 질척대던 지난달 친구가 지하 주차장으로 내려가다 개구락지(개구리)처럼 엎어졌단다. 주차장 바닥 기름기에 빗물이 섞여 속수무책으로 넘어지면서 팔목 뼈가 부러져 깁스를 하고 고생 중이다.

나이가 들면 이상하게 다리가 잘 풀려 넘어지길 잘한다,

얼마 전 난감한 일이 내게 또 있었다.

만천리 명봉 아랫동네에 친정 조카가 전원주택을 짓고 이사를 했다. 포인세티아 화분을 사서 집 구경을 갔다.

퇴계동과 만천리는 차로 20분 남짓 거리인데 소나무에 둘러싸인 조카네는 밤이면 별이 많이 보인다는 얘기를 듣고 놀랐다.

퇴계동 우리 집에선 별이 잘 보이지 않는다. 맑은 날도 큰 별인 금성만 동쪽 하늘에 얼굴이 잠깐씩 보일 뿐 북두칠성이나 여타의 별들은 본 적이 없다.

조카네는 거실과 안방 창문을 천장 위쪽으로 높이 올려 거실 소파에 앉으면 명봉을 아우르는 산이 한눈에 들어온다. 밤에는 별들도 보고 가을에는 단풍을 거실에서 곧바로 볼 수 있어 저절로 감탄이 나왔다.

산속이라 소나무 향도 맡을 수 있고, 밤마다 별들의 잔치도 구경하고, 젊은 감각으로 잘 지은 집 구경을 끝내고 지하 주차장으로 내려오다 마지막 계단을 놓쳐 털썩 앞으로

넘어졌다. 조카 내외가 깜짝 놀라 어쩔 줄 모르는 게 나는 더 미안하고 계면쩍어 얼른 일어나 괜찮아 괜찮아를 연발하며 옷에 묻은 시멘트 가루를 털면서 팔을 내저었다.

집 구경 왔다가 넘어져 발목이라도 삐었으면 어쩌나 싶어 씩씩하게 걸어 나오며 "나이 드니 잘 넘어지네." 웃음으로 얼버무리고 돌아왔다.

그런데 괜찮은 게 아니었다. 다음 날 아침 일어나니 왼손바닥 절반이 시커멓게 멍이 들고 왼쪽 넓적다리가 온통 멍투성이다. 왼쪽으로 넘어졌더니 왼쪽 팔꿈치도 아프고 멍만 심하고 뼈는 이상이 없어 그나마 다행이었다.

칠십을 살짝 넘기니 어딘가 조금씩 달라진다. 우선 걸음걸이가 씩씩하지 않고 머릿속의 생각과 입에서 나오는 말에 엇박자가 생긴다. 분명 머리로 생각해 낸 표현이 입에서 재빨리 마무리를 못 하고 가끔 길을 잃고 헤매고 만다.

어! 이게 아닌데 깨닫고 나면 벌써 상황은 끝나고 만 일이 잦은 기침처럼 자주 찾아온다.

예전에 친정어머니가, 늙으니 맑던 총기도 세월 따라 나이 따라 흐려진다고 심란해하시던 모습이 그때는 이해가 안 됐는데 이제 내가 어머니 그 심정을 이해하게 되었으니 마음이 착잡해진다.

뒷동산 산딸기 따러 가다 넘어져서 무르팍이 깨어져 피 번지던 유년의 아픔과 오늘 내가 골목길에서 넘어져 정강이에 흐르는 피의 아픔은 많이 다르다.

목덜미를 타고 내리는 짠한 아픔은 왜 슬픔과 그렇게 닮았을까.

남편 몰래 안방 문을 닫고 쪼그리고 앉았다.

어릴 때처럼 큰 소리로 엉엉 울고 싶은 마음을 속으로 주저앉히며 아주 작은 소리로 나를 달랜다.

나도 이제 저물고 있는 거야.

나도 보호자가 필요하다

 대학병원 수납 창구 앞에서 대기 번호표를 뽑았다. 아직 앞번호가 일곱 번이나 남은 번호표를 뽑아 들고 보니 바로 옆자리에 키 큰 키오스크가 보인다. 순간 내 몸이 절반 그쪽으로 돌아섰는데 사용 방법을 모르겠다. 다시 몸을 제자리로 돌려 의자에 앉으며 기다리자, 생각을 고쳐먹었다.
 요즘은 어딜 가나 낯선 키오스크 세상이다. 식당에 가도 카페에 가도 온통 손가락 터치로 끝나는 그가 낯설기만 하다. 친구와 오랜만에 수다를 떨려고 들른 카페에도 키 큰 친구를 먼저 만나고 따뜻한 순두붓집에서 점심을 먹으려고 들려도 어김없이 키오스크를 거쳐야 한다. 나는 아직 그 기계와 친하기엔 낯가림이 심해서 잠깐씩 속상해한다. 손님이 뜸한 시간에도 주문은 꼭 그를 통해서만 가능한 곳이 자꾸자꾸 늘어만 간다.
 말 한마디 건네지 못하고 길쭉한 기계를 통해서 내 요구

사항을 전달해야 하는 것이 편리하긴 하겠지만, 솔직히 나는 불편하고 어색하다.

가끔 우물쭈물하다 안내를 다시 받고는 부끄럽고 힘들어서 빨리 그곳을 벗어나고 싶어지는 경우가 종종 있다.

요즘 텔레비전에 자주 나오는 그 말, 미래가 짧은 분들이 바로 나다. 어디에 갖다 놓아도 치이게 되어있고, 누군가의 도움을 받아야 하고 친절하지 않을 때도 상처를 받는다. 아이들이 내게 전화하는 횟수보다 이젠 내가 아쉬워 전화 거는 일이 훨씬 잦다. 신호가 가고 냉큼 통화가 되면 그래도 괜찮은데 회의 중입니다. 다음에 다시 걸어 주세요. 통화 불발 멘트에 또다시 마음이 섬에 갇힌다.

병원 예약도 인터넷이나 전화 예약이 필수다 보니 자동 안내 멘트에 자꾸 시간을 놓친다. 알아듣고 반응하기엔 자동전화의 시간은 넉넉지 않아 한 번에 예약은 정말 어렵다. 미래가 짧은 사람의 숫자는 자꾸 늘어나는 데 자동화된 시스템으로 볼일을 보기엔 언제나 실패가 따른다.

올해 들어 병원에 가는 일이 수시로 생겨 접수창구에 앉은 직원의 높낮이가 별로 없는 설명을 들을 땐 말귀조차 자꾸 놓친다.

저, 죄송한데요. 다시 한번 말씀해 주셨으면 좋겠어요.

죄지은 것처럼 주눅이 들어 수납, 진료 검사 대기표를 들고 종종걸음 하다 드디어 아들, 며느리 불러 내가 폭발했다. 아무리 바빠도 병원 예약일엔 동행해 달라고 말미에 눈물까지 쏙 빠졌다. 당황한 아이들이 '죄송합니다.' 하는 소리 들으니 내 마음이 또 자근자근 아프다.

어느새 너희들 보호자로 수십 년 살아왔는데 이젠 내 보호자가 되어 달라고 내가 떼를 쓰는 건가, 뒷마음이 영 개운치 않다. 세월 이기는 장사 없다더니 '작년 다르고 올 다르다'라는 말은 진리 같다.

얼마 전 남편을 떠나보낸 친구가 시동생 부부와 시누이와 안동 여행을 다녀왔을 때 이야기다. 여행 마지막 날 저녁, 포도주 한 잔씩 마시며 이런저런 얘기 말미에 친구가 두 집에 부탁했단다. 건강이 나쁜 남편 마무리는 자기가 성심껏 아름답게 하겠지만 혼자 남을 자기는 두 집에서 잘 돌보아 달라고 부탁했단다. 아들 둘 중 하나는 외국에, 하나는 멀리 살고 있으니, 가까이 사는 시동생 시누이가 아주 참하고 깔끔한 요양병원을 주선해 달라고 눈물 글썽이며 부탁했다고 한다. 모두 눈물 바람하며 알았노라 했고, 친구는 마음속 응어리 하나 내려놓았다고 담담히 내게 그 말을 전했다. 우리의 짧은 미래가 손으로 만져지듯 가깝고 든든한 보호자가 되어 줄 누군가를 간절히 원하는 건 맞는 말이다.

　오늘 저녁 손자가 한 달 만에 다니러 오고 아들 내외와 우리 부부가 스무숲 먹자골목에서 저녁을 먹고 돌아오는 길이다.

　우리는 십칠 년째 같은 아파트 옆동에 아들네와 가깝게 산다. 좀체 수그러들 것 같지 않던 여름이 처서를 지나고 나니 허리가 잘렸는지 저녁 먹고 돌아오는 길이 제법 선선하다. 풀숲 어딘가에 귀뚜라미 소리도 스륵스륵 들리고 여름내 무성하던 꽃대 끄트머리에 노란 달맞이꽃이 수줍게 아직 곱다.

　두런두런 이야기 나누며 돌아오는 길, 아들네 아파트 입구에 먼저 도착했다. "저녁 잘 먹었다. 들어가 쉬어라." 우리 부부가 아이들 들어가라고 섰는데 맨 뒤에서 따라오던 아들이 "조금 더 걸을게요." 우리 집 쪽으로 계속 따라온다. 내 생각에 배가 부르니 운동 삼아 우리 통로 옆 스무숲 공원을 한 바퀴 걸으려나 싶어, 그냥 앞에서 걸었다. 우리 아파트 입구에서 "우리 들어간다." 했더니 아들 내외와 손주가 우리 뒤에 쭉 서 있다. "들어가세요. 안녕히 주무세요." 아하! 얘들이 우리를 배웅하러 예까지 따라왔구나, 그제야 아둔하게 내가 깨달아졌다. 자기네 집 앞에서 쏙 들어가 버리고 우리가 돌아오는 게 마음에 걸려 우리를 집까지 바래다주고 돌아가는 아들의 따뜻한 마음이 고맙다. 현관 앞에 서서 슬쩍 내다 보니 그제야 세 식구 자기네 집 쪽으로 되돌아가고 있었다. 오늘 밤은 배도 부르고 마음도 부르다. 아들네는 든든한 우리 보호자가 맞구나.

동쪽 하늘에 열사흘 보름달이 동그랗게 웃는다.

콩나물국밥 드실래요

 십일월 초하루, 가을에서 겨울로 서서히 자리를 옮기는 계절이 왔다. 어제 맑던 하늘은 간데없고 금방이라도 눈이 내릴 것 같은 흐린 얼굴이다.

 성당 미사를 마치고 돌아오는 길 기어이 빗방울이 이마를 때린다. 으스스 춥다. 어깨가 움츠러든다. 초가을 비에 떨어진 노란 가을이 발밑에서 동동거리며 떠다닌다. 저녁이 되니 첫눈이 내릴 것 같아 하늘을 쳐다본다.

 남편 눈치 슬쩍 보며 "콩나물국밥 먹고 갈래요?" 나는 콩나물국밥을 아주 좋아한다. 남편은 늘 시답잖다. 내 제의를 받아들일 때는 큰 인심 쓰듯 한다. 초겨울 비는 스산하게 내리고 몸도 마음도 추운 오늘 같은 날 콩나물국밥은 아주 제격이다. 움츠린 어깨가 따뜻한 콩 국물에 스르르 풀리면서 마음도 같이 느긋해 좋다.

 어릴 적 십리 길을 걸어 학교에서 돌아오면 춥고 배도

고프다.

  안방 아랫목 질화로에는 인두로 꼭꼭 눌러놓은 불씨 위 삼발이에 얹어 놓은 냄비에는 시래기 된장국 아니면, 콩나물국이 나를 기다리며 늘 따뜻하다.

  뒷방 구석의 검은 보자기 뒤집어쓴 콩나물시루는 언제나 익숙한 풍경이다. 어머니는 해마다 질금콩 농사를 지으신다. 메주콩 백태보다 콩나물을 앉히는 질금콩은 콩알이 작아 오종종한 콩이다. 콩나물시루에서 자란 콩나물은 연하고 담백하며 국물이 노오랗다. 천일염으로 간을 맞추고 대파 줄기를 송송 썰어 넣은 콩나물국은 깔끔한 맛이 난다.

  동지 팥죽을 먹을 때도 어머니는 무챗국과 콩나물국을 반반 섞어서 끓이신다. 오지 옹배기에 가득 담긴 국은 장독대에 놓아두신다.

  저녁 기온이 뚝 떨어져 옹배기 가장자리에 살얼음이 살짝 낀 콩나물국은 동지 팥죽과 동치미 무를 나박나박 썰어 함께 상에 올린다.

  나는 고깃집에서 고기 구워 먹는 것보다 따뜻한 콩나물국밥 한 그릇 이 더 반가울 때가 많다. 내가 맛있게 먹는 걸 지켜본 남편은

  "그렇게 맛있어?" 뜨악한 표정으로 묻는다.

부부도 서로 입맛이 다를 때가 많다. 나는 어릴 적 먹던 콩나물국이 그립고 그 시절을 떠올리며 추억을 얹어 자주 먹는다.

나는 늘 밋밋한 맛이 나는 음식을 좋아하는 편이다. 남편은 맵고 간이 잘 밴 씩씩한 음식을 좋아한다. 도라지나물을 무쳐도 나는 마늘, 파, 양념을 넣는 둥 마는 둥한 맛을 좋아하고 남편은 새콤달콤 맵싸한 양념이 좀 센 것에 젓가락이 간다. 함께 산 세월이 반백 년을 넘어서니 그 입맛 확실히 파악은 하지만 서로 닮아지진 않는다. 어떨 때는 양념을 덜 넣었을 때 내가 먹을 것 좀 덜어놓고 나머지 양념을 버무릴 때도 간혹 있다.

어제저녁 돈가스를 먹으러 갔다.

맛있게 먹고 난 접시가 너무 다른 모양새라 내가 쿡쿡 웃었다. 나는 맛있는 부위만 잘라 먹고 나니 소스와 양배추무침 볶음 우동이 접시에 너절하게 남아있다. 남편은 칼로 딱딱 잘라 소스로 깔끔하게 찍어 먹고 야채를 남겨도 가지런하게 남겨서 접시가 깔끔하게 정돈된 느낌이다. 돈가스 접시에 남아있는 음식이 바로 성격대로구나, 나는 늘 덜렁대는 편이고 남편은 깔끔한 편이다. 내가 하는 일 처리가 맘에 안 들 때도 많았겠구나! 깨달아진다. 이제라도 좀 닮아

볼까, 하지만 타고난 성격은 노력하면 조금 나아지겠지만 결과는 어떨까 싶다.

남편이 신문을 다 읽고 접어놓은 것을 보면 금방 배달 된 것같이 각이 잡혀 있다. 뭐 저렇게까지 해야 하나, 나는 그렇게 내 고집을 다스리지 못했다. 결혼 후 처음 우리 집에 다니러 오신 친정어머니가 아주 흡족해하셨다. 덜렁이 막내딸이 이젠 달라지겠구나, 내심 쾌재를 불렀는데 도로 아미타불이더라. 나중에 그 말씀에 우린 크게 웃은 적이 있다.

무심한 나는 무심하게 평생을 살다 무심하게 갈 것 같다. 밋밋한 콩나물국밥이 오늘도 생각난다.

그때는 그랬었지

나이가 들면서 신통한 기억력이 생겼다.

옛날에 있었던 일들이 토씨 하나 틀리지 않고 생생하게 살아서 내게 온다.

서낭당이 있던 뒷동산 아름드리 피나무 가지에 매여있던 단오 그네, 친구들과 같이 올라타던 그넷줄을 잡고 두발로 힘껏 차고 내달으면 두 볼에 스치던 바람결의 시원한 감촉이 지금도 귓바퀴에 느껴진다. 한참을 그넷줄에 매달리다 보면 양팔에 힘이 빠져, 뒤 친구에게 그넷줄을 넘겨주고 동산을 내려오다 풀숲에 붉게 핀 산나리의 선명한 주황색이 눈앞에 어린다.

단오 무렵이면 어린 소나무에 한창 물이 올라 칼끝으로 껍질을 벗겨 한입 베어 물면 달착지근하던 소나무 송기 맛도 혀끝에 있다.

집에 돌아오면 갑자기 배가 고프다. 부뚜막에 올라가

'끙' 소리 내며 무쇠솥 뚜껑을 밀어내면 어머니가 삶아놓은 감자 한 바가지.

물동이에서 사기 사발로 물을 떠 마시고 감자 한 알씩 까먹고 나면 어느새 배가 부르다. 그래도 아직 입이 심심하면 앞뜰 채마밭에 오이 섶을 들추면 노란 오이 꽃술이 매달린 손바닥 길이만 한 오이 하나 뚝 따서 아삭아삭 깨물면 입안에 가득 퍼지던 상큼한 오이 맛, 저녁 미역냉국에 채 썰어 넣을 오이 하나가 온전히 없어지고 나면 내 허기도 시나브로 잠재워진다.

친정 조카딸들이 다녀갔다.

큰오빠 큰딸과 둘째는 우리 고향집 추억을 나와 고스란히 공유한 유일한 피붙이다.

뒤란의 앵두나무를 기억하고 고야 나무의 새콤한 신맛도 방금 먹은 듯 입에 침이 고인다. 점심 먹고 서너 시간 고향집 추억으로 웃다가 친정어머니 손맛 이야기 말미엔 눈시울이 젖는다.

조카딸들은 젖 떨어지고 동생이 태어나면 어머니 집으로 온다. 어머니가 초등학교 입학 때까지 키워주신다. 큰 조카딸이 학교에 가면 둘째가 또 어머니에게 온다. 어머니는 손녀

셋을 그렇게 키워 주셨다. 그들은 할머니 집이 고향이 되고 지금도 나와 같이 할머니를 그리워하고 고향집을 잊지 못한다.

초등학교 교장선생님인 둘째가 "고모, 판관 터 기와집 내가 퇴직하고 도로 살까?" "아서라 그곳 기억은 이젠 우리 머릿속에만 있지 지금의 옛집엔 하나도 남아있지 않단다."

재작년 여름 내가 찾아가 겪은 서운함을 너희들에게 경험하게 하고 싶진 않다. 메워진 두레박 우물물, 베어 없어진 앵두나무의 부재, 마당가의 꽃밭도 장작불 때던 부엌의 이마 검은 부뚜막도, 대청마루에 드나들던 바람도 예전의 그 바람이 아니란다. 오밀조밀 형제 같은 장독대도 없어지고 빨랫방망이로 펑펑 소리 내 빨래하던 맑은 물 흐르던 도랑도 물길조차 찾을 길 없는 동네 골목길, 외양간의 눈 큰 송아지 울음도 없고 나팔꽃 피던 울타리도 간데없단다.

봄이면 곤드레나물 뜯으러 가신 어머니 기다리던 찔레꽃 피던 작은 뒷동산도 이젠 뭉텅 잘려 나가 더덕밭이 되어버렸다.

아침이면 밭일 나가던 작은 머슴이 외양간에서 몰고 나간 어미 소와 송아지가 풀을 뜯던 뒷산도 어디쯤인지 가늠이 안 된다. 저녁나절이 되면 밭일 끝낸 머슴이 어미 소고

삐를 풀어 엉덩이 한번 철석 손바닥으로 두드리면 소들은 용하게도 오솔길을 지나고 밭둑을 지나서 쩔렁쩔렁 워낭소리 흔들며 우리집 외양간으로 정확하게 들어온다. 가끔 어미소 뒤따르던 철없는 송아지가 뒷집 콩밭의 콩잎을 한입 슬쩍 베어 물고 오긴 하지만, 어미소는 큰 눈을 슴벅거리며 구유 앞에 얼굴을 들고 선다. 뒤늦게 따라온 머슴이 꼴지게 풀을 한 아름 구유에 던져주며 대견한 웃음을 짓던 그 익숙한 풍경, 조카딸들도 그 광경을 기가 막히게 기억하고 있네.

둘째 조카딸이 초등학교 저학년 담임을 할 때 시시때때로 봉평 고향 얘기를 아이들에게 해 주었단다. 뒷동산에 피던 진달래꽃 이야기, 고무신으로 물고기 잡던 시냇물 이야기, 매미 울던 한여름 밤, 은하수와 별똥별 이야기, 가을 메뚜기 뛰는 모습과 고추잠자리 나는 코스모스길, 선생님의 고향 이야기에 때론 호기심, 때론 부러움으로 두 눈을 동그랗게 뜨고 열심히 듣고 좋아했다고 한다.

하지 감자를 밭이랑에서 바구니 가득 캐어내고 옥수수가 익으면 까치발을 하고 하나씩 뚝 따서 뒤란 무쇠솥에 삶아 먹던 고향 이야기는 언제 기억해도 즐겁고 입가에 웃음이 번진다.

조카딸들을 배웅하고 돌아서는 나는 오늘 고향집을 원

없이 한 바퀴 휘돌아 보았고, 뒷동산 내 유년의 추억 자투리를 다시 느끼고 챙겨 본 것 같아 오늘 하루가 따뜻했다.

시크릿 코인

 어제 마트에서 산 국 멸치 똥을 따다 문득 언니가 며칠 전 한 말이 생각났다. 조카딸이 "엄마 멸치 육수 내느라 애쓰지 마시고 이걸 끓여서 해 드세요." 하며 멸치육수 티백 한 상자를 택배로 보냈더라며, 너도 먹어 볼래? 하신다. 그래도 국 끓일 땐 멸치 넣고 다시마 서너 잎, 마른 표고 서너 개 넣어 푹 다려야 아욱국도 맛있고 호박 찌개도 구수하지, 티백은 무슨 맛으로…, 딸의 선물이 시큰둥했단다. 언니는 시답잖아하면서도 그래, 편하긴 하겠다 싶어 딸이 하라는 대로 맹물에 티백 한 봉지 넣고 끓이다 건져내고 배춧국을 끓였더니, 어! 맛이 괜찮네. 형부도 별말 없이 드시더라며 내게 권했었다. 그래요? 좀 생각해 보고요, 선뜻 따라 하긴 한쪽 맘이 좀 찜찜해 어제 멸치를 한 박스 새로 샀었다.
 머지않아 나도 따라 할 것 같은 예감이 살짝 든다. 양쪽 손가락에 밴 멸치 비린내가 쉬 가시지 않아 식초 물에 손을 오래 씻어내며 슬며시 웃었다.

　내가 오래 살다 보면 밥 대신 알약 하나 입에 털어 넣는 편한 세월이 오지 않을까, 꼭 국이나 찌개가 있어야 밥 잘 먹었다고 하는 남편의 습관화된 식성을 변하게 할 때가 과연 올까 의심된다. 쌀을 씻어 전기밥솥에 물 대중만 잘하면 별 솜씨가 없어도 밥이 잘 되는데, 50년 넘은 반찬 차림은 은근히 스트레스를 받는다. 올여름같이 비 오는 날이 많을 때는 더더욱 난감할 때가 많다.

　그렇다고 두 식구 살면서 큰 냄비에 미역국 끓여 놓고 오늘도 내일도 먹을 수는 없고 번거롭고 짜증 날 때가 많다.

　며칠째 장맛비가 계속되는 중복 무렵 식탁에 저녁상을 차리며 투덜댔다. 다음 생엔 꼭 남자로 태어나 앉아서 밥상 받아보고 반찬 투정도 좀 해보고 살아야지 했더니 앞자리 남편이 슬며시 웃는다. 난 여자로 태어나고 싶은데. 끼니때마다 무얼 맛있게 차릴까? 고민도 하고, 상대방이 맛있다 칭찬하면 얼마나 행복할까. 아이구 못살아, 내가 판정패다. 마누라 눈치는 뒤꼭지에 슬쩍 감추고, 요즘은 나이 들어 입맛 탓인가 짜네, 싱겁네, 맛이 없네, 부쩍 반찬 투정이 잦다.

　TV 화면에 양념 티백 대신 알약 같은 농축 양념을 선전한다.

한 알씩 개별 포장해서 파는데 시크릿 코인이란다. 232억 판매 돌파, 홈쇼핑 핫뉴스다. 열여덟 가지 재료를 동결 건조한 상품으로 호응이 좋다. 나도 써볼까, 잠깐 멈칫한다. 그러다가 미역국에서 아욱국 맛이 나면 어쩌고, 순두부찌개에서 묵사발 맛이 나도 괜찮을까.

이집 저집 음식 맛의 특색이 없어지고 같은 맛이 나는 건 아닐까? 콩나물국에도 한 알, 잔치국수 국물에도 한 알, 계란찜에도 한 알, 똑같은 국물 맛으로 식탁에 올라 시치미 뚝 뗄 것 같아 이건 아니지 싶은 생각이 든다.

우리가 흔히 맛있는 음식을 대하면 옛날 어머니가 해 주시던 음식 맛과 꼭 닮았어요, 혹은 외할머니 손맛과 같아서 맛있다고 표현한다. 정말 그때 그 음식이 꼭 맛있어서가 아니라 어머니 음식에 대한 그리움의 표현이라고 나는 생각한다. 지금 내가 편하다는 이유, 바쁘다는 핑계 하나로 똑같은 맛의 음식을 만들어 준다면 우리 아이들은 어머니 손맛의 달콤한 추억을 없애는 이야기가 되는 건 아닐까, 작은 조미료 하나 바꾸는 일로 내가 너무 거창하게 멀리 왔나, 생각이 길게 꼬리를 문다.

집마다 장맛이 다르듯 음식도 그 집안의 어머니 고유의 특허 같은 고집이 있는데, 이젠 그마저 다 허물어질 것 같은 짠한 마음이 오늘 솔직히 든다. 그래 아직은 나는 남해 멸치를 주문해 오고 완도 다시마를 택배로 보내와 배춧국을 끓이고 호박 찌개를 상에 올리고 싶다. 멸치 한 박스 똥을 다 따서 작은 봉지에 여러 개 담아 냉동실에 넣으며 시크릿 코인 어째 이름도 거창한 만큼 맛도 거창하겠지, 다시 되뇌어 본다.

  아직 내 엄지와 검지 손가락엔 멸치 비린내가 진하게 남아있다.

밥공기를 바꾸었다

밥공기를 작은 것으로 바꾸었다.

원래 쓰던 공기는 이십여 년을 쓰던 것으로 좀 크기가 컸다.

올해 냉장고를 새로 장만했더니 사은품으로 도자기 반상기를 보내왔다.

오래 쓰던 밥공기가 많이 커서 밥을 절반으로 담아야 하는 것이 좀 헐렁해 보여 작은 것으로 바꾸어야지 벼르던 차에 딱 알맞다.

아이들이 같이 북적이며 살 때는 밥솥도 10인용이었다. 아이들이 다 떠나고 남편과 둘이 먹는 밥솥에 밥을 지으면 바닥에 살짝 깔리는 양이라 밥솥도 제일 적은 것으로 지난 겨울 바꾸었다. 다루기도 좋고 밥도 두 사람 몫이다 보니 가벼워서 좋은데 콩밥을 하면 밥이 적어 콩이 덜 익고 설컹댈 때가 더러 있다.

나이가 들면서 제일 확실하게 느끼는 건 식사량이 줄어드는 것이다.

밥공기에 담는 밥의 양이 예전의 절반으로 뚝 떨어진다.

조금 욕심내어 먹으면 속이 부대껴 양을 줄이니 속이 편해진다. 남편은 원래 반찬을 담아도 푸짐하게 큰 접시에 담는 걸 좋아했다. 이제는 작은 접시에 먹을 만큼 적게 담는 걸 권한다.

결혼 첫해 신혼살림 때 동그란 스테인리스 밥통에 밥을 한 타령으로 떠서 먹은 적이 있다. 빨리 먹고 둘 다 출근해야 하는 처지라 언제 밥공기에 따로 담아 먹고 설거지가 많아질까? 그렇게 살았다. 친정어머니한테 들켜 혼이 나고서야 각자 밥그릇에 담아 먹었다.

예전 어렸을 때 우리 집은 밥상 세 개를 끼니때마다 차렸다. 아버지가 지차시라 할아버지 할머니와 함께 산 적은 없었다. 아버지 진짓상, 머슴 아저씨의 밥상, 엄마와 언니와 내가 먹는 두레반상이 있다. 오빠 둘은 일찍이 강릉에서 공부 중이라 기억에 잘 없고 방학 때만 잠깐씩 다녀갔다. 그릇은 유기그릇을 쓰기도 하고 사기그릇을 쓰기도 했다.

아버지 진지 그릇은 유기그릇으로 주발에 뚜껑이 꼭 있었다.

밥을 퍼서 담고 뚜껑을 빨리 닫아 밥이 늘 따뜻했다.

머슴 아저씨의 밥그릇은 고봉으로 담아야 하니까 밥그릇 위에 또 한 그릇이 올라간다. 김치를 썰어 담아도 순서가 있다. 김치 포기 머리 쪽 흰 부분은 딱 잘라 아버지 상으로 두 번째 김치는 머슴 아저씨 상으로 맨 마지막 이파리 부분은 엄마와 언니와 내가 먹는 김치 그릇으로 구분된다. 어린 마음에 배추 줄기 흰 부분이 나도 먹고 싶은 적이 많았다. 대접받고 싶은 마음에 떼를 써볼까? 가끔 서운도 했다.

나중에야 알았지만, 포기김치는 이파리 부분이 제일 맛이 있다. 양념도 잘 배어 있고, 부드럽고, 그때는 그걸 까맣게 몰랐다.

생선을 지지거나 구워도 위아래가 분명했다. 가운데 토막은 아버지 진짓상으로 다음 토막은 일꾼들 상으로 담아내고 생선 대가리와 꽁지는 내 차지가 된다.

그런데 공평한 게 딱 하나 있었다.

한겨울에 양미리를 화로 석쇠에 구워서 먹을 때 통 마리를 접시에 담아 식구들이 골고루 나누어 먹었다. 바다가 먼 영서지방이었지만 겨울에 양미리는 푸짐히 몇 번씩 먹었다. 화로에 참나무 잉걸불이 이글거릴 때 석쇠에 양미리를 죽 얹어놓고 왕소금을 술술 뿌려 구워 먹는 맛은 지금도 잊지 못한다. 며칠 전 풍물장에 주문진 생선 아주머니의 양미리가 싱싱해서 옛날 생각에 열 마리를 사 왔다. 화롯불이 없으니 생선 굽는 팬에 왕소금을 술술 뿌려 구워 먹었는데 왜 옛날 맛이 안 날까. 투덜거리며 서너 마리 먹었다. 언제 화롯불에 겨울 양미리 구워서 먹어보고 싶다.

내가 요즘 화두처럼 붙잡고 있는 늙어가는 나의 끝마무리를 어떻게 할까, 고민하다 TV를 켰더니 내 대답이 화면 가득 나오는 게 아닌가. 김영철의 동네 한 바퀴 내용에 내 우문의 답이 나와 있었다.

88세 골목 할머니의 말씀이다. 세월의 군 때가 묻은 집주인 할머니는 7남매를 그 집에서 낳아 키워서 제 갈 길로 다 보내고 혼자 낡은 집에 남으셨다.

조금 외롭지만, 늘 자신에게 말씀하신다고 한다.

잘 살았구나! 두근대는 마음 다독이며 저무는 해를 바라보면서 한 해 한 해 보내셨다고 하신다.

남은 소망은 자식들 힘들게 하지 않고 자는 듯 마무리하고 싶은 심정으로 오늘을 보낸다고 합죽하니 눈가에 주름 지으며 웃으신다.

마당 귀퉁이 수도간의 작은 빨래판 위 빨랫방망이 하나

걸려있다. 시집올 때 가져온 방망이는 세월에 몸집이 깎여져서 가늘고 홀쭉하니 여위었다. 예전엔 통통했던 방망이가 할머니와 함께한 세월을 대변해 주고 있었다.

  할머니 마음도 여윈 방망이같이 세월 앞에 다 내어주고 빈 가슴만 주름 잡힌 얼굴과 같이 지는 해를 따뜻한 눈으로 배웅한다. 공연히 내 마음 끝자락이 뭉클해진다.

  건강하세요, 할머니.

3부

주머니에
나이 한 살을 넣어 두었다

주머니에 나이 한 살을 넣어 두었다

초등학교 6학년 마지막 수업을 며칠 안 남겨 놓은 날이다.
 오후 종례 시간에 담임선생님이 "중학교 입학원서 쓰는 사람은 내일까지 호적초본 한 통씩 제출하기 바랍니다. 이상."
 옆자리 친구와 눈을 맞추며 반장의 차렷 경례를 마치기 바쁘게 우리 둘은 면사무소에 같이 가자고 약속했다.
 책보자기에 책과 공책 몽당연필이 많아 더 달그락거리는 필통을 챙겨 찬찬히 돌려가며 잘 싸서 메고 짝꿍과 손을 잡고 교문을 나섰다. 평소 다니던 왼쪽 길을 지나고 면사무소를 가기 위해 오른쪽 도랑을 끼고 미루나무가 줄을 서 있는 조금 넓은 길로 들어섰다. 학교에서 그리 멀지 않은 곳에 있는 면사무소지만 찾아가기는 오늘이 처음이다.
 육중해 보이는 면사무소 유리문을 끙 소리 내며 둘이 밀고 들어가서 이쪽저쪽 두리번거리다 검은 명패에 흰 글씨로 호적계라고 쓴 책상 앞에 둘이 섰다.

"저 중학교 입학원서에 낼 호적초본 한 통 떼 주세요." 나이 지긋한 직원에게 내가 먼저 말을 건넸다. 집 주소랑 아버지 성함을 찬찬히 일러주고 주뼛거리며 서 있었다. 직원은 검은 표지의 꽤 두꺼운 서류를 찾아와 한참을 뒤적거리더니 내 이름을 부른다. "너희 집 호적에 네 이름이 안 올라 있는데 어떡하냐?" 이게 무슨 소리인가 나는 놀라서 다시 한번 찾아봐 주세요. 모깃소리처럼 작게 부탁한다. "글쎄 없다니까 아무리 찾아도 네 이름이 없어." 나는 들고 있던 책보자기를 바닥에 툭 떨어뜨리고 호적계 뒤편으로 보이는 아버지 친구분한테 달려갔다.

"아저씨, 저 호적초본 떼야 하는데 제 이름이 없데요. 저 중학교 가야 하는데 어떡해요?" 말보다 더 크게 울음이 터져 나왔다. 깜짝 놀라신 부면장이신 아저씨가 마룻바닥에 털썩 앉아버린 나를 일으켜 세운다.

"알았어, 울음 뚝. 아저씨가 호적초본 떼어 줄게." 아직 끝나지 않은 울음 끝이 목구멍에 매달려 있는데 당당한 아저씨의 목소리에 간신히 큰 울음은 멈추었지만, 아직 작은 흐느낌은 그대로다.

한참을 울음 끝을 붙잡고 부면장 아저씨를 바라보는 동안 뚝딱뚝딱 내 이름은 우리집 호적에 오르고 또 잠시 걱정과 의심의 눈망울을 굴리고 있는데 드디어 내 손에 내 이름이 선명한 호적초본 한 통이 들려졌다. 고맙다는 인사를 어떻게 했는지 지금은 기억에 없지만 엄청나게 놀랐고 엄청 고마웠던 기억은 지금도 팔뚝에 소름이 돋을 만큼 생생하다.

저녁 밥상머리에서 아버지께 우리집 호적에 제 이름이 없어 부면장 아저씨가 만들어 주셨다고 그 말만 전해 드렸다. "그 친구 잊어 버렸구먼." 과묵한 아버지의 한마디였다. 안쓰럽게 마주 보던 어머니 말씀이 6·25 사변 후라 아이들의 생사가 어느 집이든 불확실해서 출생신고를 대여섯 살 고비를 넘긴 후에 하는 게 다반사였다.

너도 그쯤 되어 아버지가 쪽지에 네 생년월일과 이름을 적어 자전거 타고 출퇴근하시는 친구분한테 주었는데 주머니에서 갈 길을 잊어 버렸나 보다, 하시며

"아이구 야무진 것." 오늘 낮의 서러움에 눈물 글썽이는 나를 어머니는 등 토닥이며 미안해하셨다.

하마터면 우리집 호적에서 미아가 될뻔한 큰 사건이 마무리된 것이다.

그리고 아주 나중에 안 일이지만 내 나이가 한 살 적게 호적에 올려져 있어 나는 한 살 젊게 지금까지 살고 있다.

쪽지를 잊어버린 부면장 아저씨가 미안해서 나를 한 살

젊게 만들어 주신 게 아닌가 지금은 고맙게 생각한다.

 나이 한 살이 많고 적음은 문제가 될 수 없었고 그때는 그저 우리 집 호적에 내 이름이 올려져 있는 그 일만이 중요하게 생각했으니까.

 이제 인생 후반부에 내가 서 있다. 나이 한 살이 젊어진 나는 참 요긴하게 생활한다. 항상 두 가지 나이를 가지고 필요에 따라 적절하게 꺼내 든다. 어른 대접을 빨리 받고 싶은 젊은 시절에는 본 나이를 말했다. 이제 나이 들고 보니 슬그머니 나이 한 살을 주머니에 넣어둔다. 하도 그 일이 습관이 되다 보니 내 나이가 어떨 땐 헷갈린다. 아침 조간신문에 오늘의 운세를 볼 때 개띠 오늘 운이 신통치 않으면 돼지띠 운세를 본다. 의외로 좋은 내용이 잡히면 그날은 난 돼지띠로 산다. 마음으로 정하고 나면 돼지띠 그날 운이 정말 좋은 날이 되기도 한다.

 나이 한 살이 주는 여유는 의외로 달콤하다. 우선 보험 혜택에서 한 살은 삼백육십오 일이 덤으로 따라온다. 또 동갑의 굴레에서도 난 한 살 젊어요, 쓸데없는 자신감이 묘하게 소물거린다. 이제 이 나이가 되다 보니 어른 대접보다는 철이 좀 덜 들어 보여도 젊은 나이가 왠지 좋다.

 오늘 오후 매실청을 담그려고 광양 청매실 사서 돌아오는 길에 버스 정류장에서 할머니 한 분을 만났다. 새끼와 약지 두 손가락에 빨간 매니큐어가 곱다. 젊게 보이시고 싶은 할머니는 여든다섯이라우. 묻지도 않은 나이를 밝히시며 굽이 있는 샌들을 신고 있으시다. "아유 고우신데요. 여든도 안돼 보이세요." 강릉 사투리가 정겨워 나이를 아주 후하게 젊게 드렸다.

먼저 온 버스를 타고 가시며 "댁도 아주 젊어 보여요." 할머니의 말씀은 조금 전 내 말의 답례인 줄 알면서도 그냥 싫지는 않다. 떠나는 버스를 향해 내가 배시시 웃었다.

오늘은 주머니에 넣어 둔 나이 한 살을 꺼내지도 않았다.

이야기 둘

하나, 매생이를 잊어버리다

이게 무슨 국이더라.

저녁 국거리가 마땅찮아 냉장고를 들락날락하다 냉동실 구석에 좨기 지어 놓은 매생이를 꺼냈다.

지난 1월에 딸아이가 고흥에서 주문해 보내준 매생이다.

깨끗이 씻어 한 번씩 먹을 만큼 좨기해 놓으면 국거리가 없을 때 꺼낸다. 얼려놓은 굴 한 봉지와 게맛살을 찢어서 국을 끓였다. 금세 바다 냄새가 나서 좋다, 남편과 나는 매생잇국을 좋아한다.

초복이 지난주에 지났으니 삼복중인데도 따뜻한 국이 있으니 밥 먹기가 수월하다. 식탁에 앉아 국을 떠 입에 넣으며 문득 이국이 무슨 국이지? 매생이 이름을 잊어 버렸다.

바다에서 나는 풀은 죄다 생각해 본다. 김, 파래, 미역,

다시마, 매생이 이름이 생각 안 난다. 머릿속이 띵하다. 이게 무슨 상황이지? 치매야, 건망증이야, 도대체 난감하다.

앞자리 남편에게 물었다, 이게 무슨 국이지? 어! 그게, 잠깐, 나도 생각 안 나네. 두 사람 시선이 공중에서 부딪힌다.

"가만있어봐." "조금 기다리면 생각날 거야." 남편은 대범하게 말하는 데, 나는 머리에서 쥐가 날 지경이다. 한 5분쯤 후 남편이 "매생이다." "맞아! 매생이네." 마음 안에 싸한 기운이 돈다.

내 친구가 어느 날 한 말 또 하고 중언부언 수상하게 굴어서 아들과 며느리가 깜짝 놀라 병원에 입원까지 하며 치매 검사를 받았다. 자기는 무슨 소릴 했는지 도무지 깜깜인 채 검사받고 다음 날 정신을 차려보니 안양 사는 작은 아들까지 불려 와 근심스럽게 엄마를 보고 있더란다. 의사는 괜찮다며 스트레스를 심하게 받으면 그럴 수 있다고 뇌 영양제 처방을 해주며 퇴원하라 했었다.

그 얘길 우린 웃으며 했는데 오늘 내가 난감하다.

매생이를 까맣게 잊어버린 날이다.

둘, 향천 선생을 보내고

새벽 세 시에 잠이 깼다.

아직 사위는 깜깜하다. 머리맡의 작은 미닫이창을 한 뼘 정도 열고 내다보니 앞동 아파트가 새벽빛에 어슴푸레 잠겨있고 15층 아파트 창문에 불이 켜진 집은 하나도 없다.

조금 더 자야 하는데 생각과 달리 머릿속은 투명하다.

남편은 일곱 시에 "다녀올게." 현관문 닫히는 소리가 유난히 크게 들린다. 오늘 아침 8시 향천 선생 발인이다.

그는 남편의 고등학교 동창의 부인이다. 향천은 그의 호다.

서울에서 춘천으로 이사 온 지 오 년쯤 된 것 같다. 서울보다 공기 좋은 춘천으로 온 후 그는 나날이 좋아졌다. 남편 동창 네 부부는 자주 만나 밥도 먹고 차도 마시고 여행도 다녔다.

처음 그를 만나던 날 그는 모자를 쓰고 있었다. 항암 후 유증으로 항상 모자를 예쁘게 쓰고 다녔고, 표정은 해맑았다.

아픈 내색도 없이 여자들 넷 중 막내라며 식사 후 디저트 챙기는 일이며 커피 쟁반은 꼭 먼저 들고 일어섰다.

만난 지 한참 후에 알았지만, 그는 화가였다. 서예에도 조예가 깊어 그쪽 분들 사이에는 꽤 이름이 알려져 있었고 서울에서 전시회도 여러 번 가진 중견 화가였다. 내게 素香이라는 호도 그가 지어 주었다.

소박한 향기가 나랑 닮았다며 국화꽃 그림 한 점을 건네주며 웃던 그의 웃음이 아직 어제인 듯 생각난다.

어제 영안실 입구에 생전에 그린 그림 대여섯 점이 전시되어 있었다.

교회 주보에 실린 그림도 있고 실루엣으로 마주 선 부부의 기도 모습, 너무 재주가 출중하고 마음씨도 곱고 두 아들을 잘 키운 향천 선생, 아직 할 일이 많은데 왜 그리 서둘러 가셨을까, 자꾸 아쉬움에 목이 아리다.

수필집 언제 나와요? 부끄러운 졸작을 그는 내내 기다렸다.

지난주 책이 나올 때 그는 병원 중환자실에 있었다.

칠전동 소나무가 보이는 그의 아파트에는 항상 향 좋은 커피가 끓고 있었고 드름산을 남편과 매일 오르내리며 건강이 많이 좋아져 춘천에 오길 정말 잘했다고 눈가에 주름을 모으며 웃던 사람, 이사 온 지 이태쯤 되던 해 제주도 여행을 갔었다.

마라도에 갔을 때 내가 작고 예쁜 성당 앞에서 묵상하는 모습을 옆에서 지켜보며 늘 이렇게 살고 싶다고 말하던 사람, 모슬포항에서 옥돔구이를 맛있게 먹으며 하얀 이를 보이며 웃던 사람, 10월 초 제주도엔 하얀 억새밭이 환상적이라며 현무암 돌에 앉아 힘든 내색도 없이 좋아했고, 내년에 다시 오자고, 올해 못 가본 우도에 가자고 약속했는데 그 약속을 지키지 못했네. 작년 가을 총각김치가 알맞게 익어서 작은 통 하나 보냈더니 오래간만에 밥을 욕심내 많이 먹었노라고 했는데, 한 번 더 담가줄 시간이 없었다. 봄동 겉절이가 맛깔스럽다고도 말했는데….

 잘 모셔 드렸어요? 다 저녁때 젖은 눈으로 돌아온 남편의 얼굴은 심란하다.
 남편은 홀로 남은 친구의 빈 어깨가 안타깝고, 나는 다시 볼 수없는 미소 띤 그가 내내 생각나서 슬프다.
 향천 선생, 당신은 참 고운 분이었어요. 꼭 봄꽃 같은 맑은 성품이었고 늘 향기 나는 사람이었습니다.
 경춘 공원에 잠든 향천 선생 부디 영면하세요.
 그가 간 지 한 달이 지나고 남편 동창 모임이 있었다.
 힐렁한 어깨로 나온 남편 친구는 그사이 많이 수척해 보였다. 내가 건네준 책을 받아 들고 돌아가며 내일은 산소에 다녀오겠다고 한다.
 돌아서는 우리 모두의 마음은 아직 그를 떠나보내지 못했다.

선운사의 동백꽃과 꽃무릇

고창 선운사에 세 번 다녀왔다.

첫 번째 선운사 나들이는 동백꽃을 보러 갔다. 춘천은 아직 매서운 겨울바람이 아침저녁 제법 추운 2월 말경이라 봄을 입에 올리기엔 이른 시기였다.

그해 3월이면 내가 할머니가 되는 해다. 첫 손자가 태어나면 그 아이를 봐주기로 약속이 되어 있어 봄이 확실히 오기도 전에 일찍 서둘렀다.

남편 친구 세 부부 여섯 명이 스타렉스 봉고차를 렌트해서 준비하며 혹시나 동백꽃이 피지 않았으면 어쩌나 조바심하며 남쪽으로 떠났다.

귓불에 닿는 바람 끝은 아직 추운 겨울을 벗어나지 못했는데 선운사를 감싸고 있는 동백 숲은 뜻밖에 동백꽃이 붉게 새봄을 안고 있었다. 초록 동백 숲에는 숨박꼭질하듯 까꿍 숨어 핀 꽃도 신기했지만, 꽃봉오리가 똑똑 떨어진 낭자

한 숲길 발치엔 아름다운 동백 낙화가 그림처럼 고왔다.

단청이 안 되어 더 고풍스러운 선운사 경내 이곳저곳은 더 위엄이 서려 있어 나도 모르게 말도 조근조근 하게 되고 발걸음도 조신하게 걸었다. 넓은 절 마당을 둘러보며 오길 잘했네, 고개를 끄덕였다.

두 번째는 꽃무릇을 보러 갔다.

주차장에서 선운사까지 걸어가는 옆길 둘레 둘레에 꽃무릇은 선명하게 붉게 피어 있었다. 참 신기하게도 잎은 보이지 않고 곧은 꽃대에 우아하게 핀 고운 꽃잎은 정말 꿈결 같다.

꽃은 항상 잎이 꽃받침 해줘야 빛나는 줄 알았는데 붉은 꽃만 오롯이 찬란하다, 잎을 못 만나는 사연이야 있겠지만 슬프도록 아름답다. 입에서 떠날 줄 모르는 찬사를 연발하며 걸어가는 길에는 누구와도 이야기 나눌 마음이 아니다. 나 혼자 감탄하며 칭찬하며 주저리주저리 꽃길을 걸었다. 곁에 동행이 없어도 아쉽지 않다.

저 혼자 떨어져 혼자 피어 있어도 예쁘고 무리 지어 꽃밭을 이루어 피어 있어도 그 기품은 함부로 할 수 없는 귀티가 난다.

감히 손길조차 내밀 수 없어 눈길에만 아련히 간직하며

걸었다. 고개를 오른쪽으로 돌리면 꽃무릇의 붉은 잔치가 한창이고 고개를 왼쪽으로 돌리면 맑은 시냇물에 꽃무릇의 그림자가 동동 떠 있다. 정말 아름다움의 연속이다.

세 번째는 늦가을에 다녀왔다.

가을이 가장 늦게 떠난다는 해남 대흥사를 둘러보고 늦은 오후에 선운사에 도착했다. 깨끗이 비질한 절 마당 한가운데 오래된 감나무에 감이 익고 있었다. 까치밥으로 남겨진 감이가 한 서른 개쯤의 담홍색 감이 가을 하늘 아래 곱게 매달려 있었다.

이른 봄 동백 숲에 붉게 피어있던 동백꽃이 문득 생각난다. 다 저녁 황혼녘 가지 끝에 홍시로 발갛게 익어가는 감은 동백꽃의 붉은 여운과 많이 닮아있어 선운사다움에 반갑다.

요사채 마루에 앉아 한숨 고르며 내가 늘 그리던 평화로움이 있어 행복한 해거름이다.

선운사 세 번의 발걸음마다 다 좋았는데 해가 뉘엿한 이 시간 손님들이 모두 돌아간 빈 마당에 늙은 감나무의 붉은 홍시를 바라보며 마음이 한없이 가라앉던 기억은 오래도록 좋은 기억으로 반추될 것이다.

오늘 하루 분주한 여정의 끝에서 만난 지금 이 시간 서두를 필요가 전혀 없는 여유가 주는 평화로움은 어디에서 또 만날 수 있을까.

선운사를 감싸고 있는 우람한 동백 숲, 스님의 고무신 발자국도 모두 잠재운 고요가 내게 살며시 말을 건다.

마음이 온유해질 때까지 쉬었다 가세요.

세 번째 선운사를 다녀온 지 십여 년이 흘렀다.

다시 한번 선운사에 가고 싶다. 어느 계절에 갈까? 동백꽃 붉은 이른 봄에 갈까, 아니면 꽃무릇이 꿈결같이 피어나는 초가을에 갈까? 이도 저도 아니면 감이 익는 늦가을에 갈까? 어느 계절에 가도 처음 내가 감탄했던 그 사연이 고스란히 나를 다시 반길 것 같아서 가고 싶은 마음에 자꾸 설렌다.

춘천에서 고창은 많이 먼 길이다. 그래도 내가 찾아가고 싶은 곳이 있다는 게 고맙고 마음 넉넉하다. 동백꽃과 꽃무릇에 감탄하던 그때 그 사람들에게 다시 한번 동행을 채근해 볼까.

내년에 선운사에 함께 가실래요?

마무리의 품격

오늘 남편과 나는 건강보험공단에 들러 사전연명의료의향서를 내고 왔다. 오래전부터 생각은 하고 있었지만 쉽게 실천으로 옮기지 못하고 미적대던 숙제를 방금 끝낸 것이다.

오늘은 모처럼 맑은 가을하늘에 가을볕이 쨍쨍해서 가을 나들이라도 하고 싶은 청명한 하루다.

태풍 미탁 때문에 연일 내리던 비와 바람이 오랜만에 걷히고 내 남은 여정의 한 가지 결정의 순간이 흐린 날이나 비 오는 날보다는 오늘같이 맑은 날이 제격일 것 같은 막연한 생각에 주저 없이 집을 나선 것이다.

사전연명의료의향서 작성자가 최근 25만 명을 넘어섰다고 한다.

병세가 나아질 가능성이 없는 상황에서 인공호흡기, 심폐소생술, 수혈 등으로 단순히 임종을 조금 늦추는 시술은 사양하겠다는 의지의 표현이 많아진 것이다.

흔히들 백세시대라고 말한다.

오래 살다 보면 어떻게 살 것인가 보다, 어떻게 죽을 것인가를 고민하는 나이에 내가 더 가까이 와 있음을 실감한다.

삶의 끝마무리를 품위 있도록 하긴 좀 어폐가 있겠지만 죽음을 받아들이는 내 모양새라도 누추하게 하고 싶진 않다.

친구들이 스마트폰으로 자연스러운 표정이 뛰어난 사진을 대하면 망설이지 않고 하는 그 말, "그 사진 영정사진 하자." 스스럼없이 서로 주고받는다. 마지막 사진의 프로필은 너무 늙어도 슬프고 너무 젊어도 어울리지 않는단다. 칠순 너머 사오 년 사이가 가장 적당하다며 서로 사진을 돌려보며 웃는다.

오래 살려고 애쓰지 말자. 질적인 장수가 바른 장수고, 질척거리지도 말자. 나도 힘들고 자식도 힘들게 하는 욕심은 애당초 내려놓고 살자는 게 평소 내 마음가짐이다.

친정아버지가 이른 나이에 돌아가셨다.

임종이 가까워져 오자 집안에는 큰댁, 작은댁 우리 직계가 사랑방에 모여 있었다. 아버지는 그날 정신이 맑으셨다.

"너무 애쓰지 마라, 사람은 누구나 죽는다. 나는 조금 빨리 갈 뿐, 주어진 명대로 살다 가니 슬퍼하지 마라, 다 살아진다." 발치에 무릎 꿇고 앉은 어머니에게 하신 말씀이다.

열다섯 살 내가 이해하고 수긍하긴 어려운 말이었지만 어머니는 그저 고개를 끄덕거리시며 두 볼에 눈물이 흘러내렸다. 나는 그런 어머니가 슬퍼 자꾸 울었다.

어느 날 친구의 문자 하나를 받았다.
건강보험공단에서 사전연명의료의향서를 내고 왔다고 하며, 말미에 'ㅋㅋ' 두 글자가 생뚱맞다. 웃자고 한 말인가 싶지만 웃어지지 않고 입꼬리가 실룩하며 눈물이 핑 돈다. 내가 오늘 연명의향서를 낸 것과 친구의 문자는 무관하지 않다. 우린 서로의 얼굴에서 우리의 나이가 가늠되고 세월이 어디쯤 이르렀는지 알 수 있기 때문에 늘 이심전심이다.
또 다른 9층 할머니는 요즘 알츠하이머 중증에 걸린 남편 병간호에 고생이 말이 아니다. 자식들과 의사가 권하는 요양병원을 마다하고 집에서 직접 돌보고 있다.
한 2년 전쯤 어느 날 남편이 눈을 동그랗게 뜨고 "아주 이상하네! 당신 전화번호가 왜, 생각이 안 나지?" 하더란다.
할머니는 "나이 들면 그럴 수 있어요, 다시 생각해 봐요." 대수롭지 않게 넘기고, 사나흘 후 현관 인터폰 번호가 생각이 안 나 밖에서 한 시간을 기다렸다고 콧등에 진땀이 맺힌 채 하소연을 하길래 심상치 않음을 알아채고 병원 진료를 받았단다. 의사 선생님의 검사 결과는 이미 많이 진행된 치매 증상이고 되돌릴 수 없는 상황에 놀랐다. 할머니는 무릎이 꺾여 주저앉고 입에서 말이 자꾸 헛나왔다.

"어떻게 해야 하나요?"

여름의 뜨거운 소란이 물러간 지금 하늘은 높고 맑다.
아직 나는 어설픈 노년의 길목에서 잠시 뒤를 돌아본다.
방금 온 가을 저 뒤편에 얼굴을 숨긴 겨울이 분명 기다릴 텐데, 내가 준비하고 마련해야 할 일들이 무엇일까. 아직 속수무책이다.
물은 흐르면서 스스로 맑아진다지, 나도 세월을 바람에 양보하고 그냥 맨몸으로 서 있으려고 한다. 바람에 내 몸 어딘가에 상처 나면 꿰매고, 싸매고, 덧나지 않게 잘 붙들어매야지, 어느 지점에서 내 꼭짓점을 찍어야 할지는 아무도 모르지만 그리 큰 걱정은 하지 않고 살고 싶다. 오른손으로 왼손을 꼭 잡아본다. 그냥 나를 맡겨보고 싶다.
불어오는 바람에 길을 내주고 내가 잠깐 비켜섰다.
바람이 제 갈 길로 바삐 지나가다 노란 은행잎 하나 무심히 내 발끝에 던져주고 떠나간다.

평화 전망대의 바람 소리

철원을 다녀왔다.

차창 밖으로 보이는 너른 들에는 오대벼가 넘실넘실 잘 자라고 있었다.

철원하면 머리에 먼저 떠오르는 영상은 휴전선의 침묵, 긴 철조망 너머 시간이 정지된 경계의 땅과 숲, 공연히 옷깃이 여며지는 경직감, 말소리조차 조근조근해지는 두려움, 곳곳에 보이는 지뢰밭 표시 저 숲 너머의 알 수 없는 비밀스러운 역사가 있어 공연히 뒷목이 뻣뻣해진다.

분단 후 70여 년 동안 시간이 멈춘 비무장지대의 팽팽한 긴장감은 철원을 올 때마다 내가 느끼는 감정이다.

철원 평야를 빼앗기고 김일성이 3일간 통한의 눈물을 흘렸다는 전설이 있는 이곳 넓은 평야는 올가을 풍작을 예약한 씩씩한 오대벼가 이제 고개를 숙이고 추수를 기다리고 있다.

긴장감으로 오그라들었던 마음이 조금 여유로워진다.

조금 전 다녀온 백마고지 전투지역에서 나는 잠깐 돌아가신 막내 삼촌을 떠올렸다.

우리 할아버지는 지금도 생사를 알 수 없는 북한 땅에 계신다. 강원도 북쪽 끄트머리 통천이라는 곳의 바다에는 고기도 많이 나고, 지형도 빼어난 곳으로 농토도 기름져 살기 좋은 곳이라 해방되기 십 년 전 강릉에서 솔가해 가셨다.

아버지 형제 세 분이 그곳에 사시고 우리 집만 평창으로 터전을 잡아 이사를 하셨단다.

6·25전쟁이 발발하자 막내 삼촌은 인민군으로 전투에 참가하게 되었다. 철원 전투가 너무나 치열해서 몇 번인가 죽을 고비를 넘기고 다시 북쪽으로 후퇴가 시작되었다.

그때 삼촌은 이대로 북으로 가야 죽음만 기다릴 것 같은 두려움에 떨다 차고 있던 총으로 오른쪽 검지를 스스로 쏘아 총상을 입고 낙후 병으로 치료를 받다 오밤중 탈출을 감행했다. 늦은 밤 농가에 들어가 빨랫줄에 걸려있는 옷을 훔쳐 입고 부대 반대 방향으로 밤이면 걷고 또 걸어 둘째 형님이 사는 우리 집을 천신만고 끝에 찾아오셨다.

아버지는 막냇동생을 다락에 숨기고 쉬쉬하며 고비를 넘

겼다. 그때 인민군인 줄 동네 사람이 알면 우리 가족 모두 몰살을 당하는 판이니, 피를 말리는 전쟁을 우리집 안에서 치렀다.

다시 동란이 일어나고 피난길에 오른 북쪽 사람들 중 통천 이웃 사람이 우리 집에 들렀다가 삼촌이 살아있는 걸 확인하는 바람에 할아버지 댁에 기별이 닿았다.

그때 삼촌은 26세 결혼해서 딸 둘을 둔 아버지였다. 24세 된 작은어머니는 죽은 줄 알았던 남편이 살아 있다는 소식에 피난 짐을 꾸려 우리 집 주소 쪽지 하나 들고 몇 날 며칠 걸어서 두 분은 극적으로 우리 집에서 재회하게 되었다.

어린 딸 둘을 데리고 오기 어려워 큰딸을 할머니에게 맡기고 시장 가서 엿 사오 마, 거짓말로 달래놓고 오셨단다.

울며 치마꼬리 잡던 어린 딸 생각에 작은어머니는 시시때때로 그 딸이 보고 싶어 울고 또 울었다.

견우직녀 같은 연분으로 다시 만난 두 분은 가슴에 응어리 하나 묻어 놓고 평생을 사시다 이젠 두 분 다 돌아가셨다. 그렇게 죄책감으로 괴로워하던 큰딸 생사는 아직도 우리는 모른다.

전망대 멀리 바라본 남북의 산하는 맑고 푸르다.

어느 숲속에서 금방이라도 산 노루 한 마리 경중경중 뛰어나올 것 같은 고요함과 GP를 지키는 군인들의 초롱초롱한 눈망울 속에서 그래 우리는 아직 이렇게 서로 대치하며 살고 있구나, 새삼 가슴에 구멍 하나 뻥 뚫린다.

DMZ를 가로지른 우리의 경계선은 우리들의 것일 뿐 떼 지어 날아가는 철새들의 날갯짓에는 DMZ 같은 거추장스러운 철책은 그들에겐 아무 의미가 없다.

고개를 들어 하늘을 보다 야트막한 동산으로 시선을 바꾼다. 개망초 흰 꽃무리 무심하게 피었다 지고 있구나. 멀리 보이는 아직 팽팽한 갈등과 최전방의 긴장감을 몸으로, 바람으로 느끼며 평화전망대의 촘촘한 계단을 하나씩 천천히 내려온다.

봄이 오는 길

　친구가 교회 가는 길이라며 문자를 보내왔다.
　석사천 버드나무가 아롱아롱 연두색을 입었다고 '야, 봄이 오기는 오네.'
　오늘 아침 방 안 온도를 2도 더 높여 놓고 신문을 읽다 설마 하며 창문 쪽으로 눈을 돌려보니 마른 가지에 찬바람이 휭 하고 스치고 지나는 게 보인다.
　참 지독히 추운 지난 겨울이었다. 경칩이 지나고 나도 영하의 날씨는 날마다 시치미를 뚝 떼고 모른 척하며 어제도 보냈다. 오후에 바람이 잦아들고 나면 석사천에 살금살금 내려가 봐야겠다.
　오늘 아침 조간신문 1면에 구례 산수유가 노랗게 마을을 덮은 사진이 올라왔다. 날씨 변덕, 정치 변덕, 내 마음 변덕이 모두 합쳐져서 올봄의 봄맞이는 큰 수난이었다.
　팔순을 바라보는 나이에 올봄처럼 암담한 우수 경칩은

처음이다. 봄이 길을 잃어버렸는가. 봄 햇살이 따뜻하지 않고 볼에 스치는 바람결에도 아직 눈 냄새가 느껴졌다.

삼월 초순 경남 양산 통도사에 홍매화가 피었다는 소식은 들었지만, 강원도 춘천의 차가운 바람 소리에는 도통 실감이 나지 않은 채 또 설마 하고 봄을 부정하는 마음만 비좁게 자리하고 있었다.

봄이 오는 이야기나 오늘같이 봄이 오긴 올지 헷갈리는 지점에서 난 내 열다섯 살의 암담했던 봄날이 가끔 떠오른다.

중학교 2학년 봄빛이 조금씩 너그러워지던 때 아직 쉰 초반이던 아버지가 병이 나셨다. 강릉 병원으로 치료받으러 떠나신 집에는 한 해 농사가 시작되는 시기라 큰오빠 내외가 병간호차 함께 가고 어머니는 일꾼들과 농사일을 시작하셨다.

막내인 나만 엄마 곁을 지키며 말동무 일동무를 나름대로 열심히 하고 있었다.

일꾼들은 밭갈이 논갈이가 한창이고 채소밭 열 고랑엔 담배 모종이 파랗게 올라오고 있었다.

봄 가뭄이 심했다. 하루라도 물을 주지 않으면 담뱃잎은 오갈이 들어 비실거리고 저녁 네시만 되면 나는 우물물을 두레박으로 길어 올려 양철 수대에 담아 담배밭에 물을 주었다.

열다섯 살 내가 하기는 조금 힘든 작업이었지만 엄마 얼굴에 드리운 근심을 헤아리며 나는 그 일을 내색 없이 매일매일 반복했다.

어느 날은 어깨가 빠질 것같이 아파도 올 담배 농사를 망칠 수 없는 일이니까 아랫입술을 피가 나도록 깨물면서 물을 날랐다.

아버지의 쾌유를 비는 진경 할아버지의 경 읽는 소리는 밤새 사랑방에서 이어지고 늦은 저녁 금당계곡 쪽 먼 산에는 산불이 났는지 높은 산 능선이 빨갛게 타오르던 안타깝고 무섭던 기억이 난다.

아버지는 우리 사 남매 키우시고 가르치시느라 정말 고생하셨는데 잠 못 드는 밤의 힘드심을 가끔 내색도 하셨다.

어느 날은 소나무 목침 열두 번 돌려 베다 먼동이 튼다고도 하셨지. 왜요? 내가 물을라치면 큰오빠 대학 등록금 걱정, 작은 오빠 하숙비 걱정, 이번엔 황소를 팔아야 하나, 다랑논 하나로는 어림도 없을 텐데, 밭 중에 삼(대마)밭이 제일 반듯하고 기름졌지. 그 밭을 계약하고 그날 밤은 아까워서 꼴딱 밤을 새우셨다고 하셨다. 본인 못 배운 한도 많아 자식만큼은 잘되라고 아까운 게 뭐 있으랴 하셨지만 어렵게 마련한 삼밭을 판 후엔 그 밭 언저리를 지나실 때는 눈 가장자리가 붉어 지셨다고 엄마가 훗날 이야기하셨다.

 엄마는 짐짓 대범하게 "그 밭이 뭐 대수유, 아들 잘되면 됐지." 그렇게 말씀하시기도 했다.

 피땀 녹아든 밭 하나를 처분해야 한 학기 등록금이 마련되는데 뭉텅뭉텅 잘려 나가는 밭뙈기와 논배미가 얼마나 마음 아프셨을까. 법대만 나오면 다 판 검사 되는 줄 알고 일 년에 두 번 중병 앓듯 되풀이했지만, 결국 큰오빠는 도청 공무원으로 재직하다 퇴직하고, 그 역시 오 남매의 아버지로 고단하게 살다 가셨다.

 지금은 모두 없어진 고향집의 그 밭과 논배미, 아버지가 그토록 애달파 하셨던 네모난 삼밭에는 봄이면 늘 참새보다 조금 큰 회색 깔깔새가 울고 있었다. 청아한 새 소리에 내가 폴짝폴짝 뛰기도 했지.

 이제 그곳에는 어떤 사람의 하염없는 꿈이 꾸어지고 있을까.

 이유가 있어 그런 것 같은데 지나간 허접한 생각에 몰두

하고 있을 때 난 가끔 아버지의 고단한 얼굴이 보고 싶어지기도 한다.

 봄이 시작되는 길목에 올해처럼 다사다난한 일들이 줄줄이 나타나는 때는 더욱 그렇다.

 울퉁불퉁한 모난 세월을 잘 쓰다듬어 다치지 않고 수월하게 올봄을 맞이했으면 좋겠다.

 순둥순둥한 사람들이 모여 사는 우리네 이웃이 동글동글하게 오는 봄을 예쁘게 만들어 그 가운데 나도 함께 살고 싶다.

구곡폭포와 매미 소리

폭포 초입부터 예사롭지 않다

낭자한 매미 소리와 계곡물 흐르는 소리는 삼복더위에 지친 우리를 상큼하게 반긴다. 잡다한 세상사와 다시 위험 수위를 위태롭게 넘나드는 코로나 위기에 빠져 후줄근해진 몸과 마음을 달래주고 이 산에서 내려갈 때는 맑은 정신과 귀까지 멍해진 난청이 말끔하게 치유될 것 같은 예감이 든다.

코끝에 머무는 초록의 향기, 오늘 날씨는 화창하진 않다.

어제저녁 일기 예보에 오후엔 비가 온다는 소식 때문에 아침 8시 이른 시간에 집을 나섰다. 퇴계동 우리 집에서 정확히 30분 걸려 구곡폭포 주차장에 주차했다. 비는 그쳤지만, 비가 남기고 간 습기는 아직 손끝에 만져지는데 계곡의 서늘한 공기와 만나니 한결 더 촉촉해진다.

참 오랜만에 이곳에 왔다. 한 십 년 전쯤 가을이었다. 단풍이 골짜기를 빨갛게 물들이고 오솔길에 도토리가 익어 툭툭 발밑에 떨어지던 기억이 난다. 문배마을 신가네 식당에서 산채비빔밥과 도토리묵을 맛있게 먹고 돌아오는 길이었다. 입안에 도토리를 물어 볼록해진 양 볼을 실룩거리며 까만 눈동자가 반짝반짝 빛나던 다람쥐가 동무해 주었었는데, 오늘은 다람쥐가 보이지 않는다. 계곡 옆에 수 많던 돌탑들도 자리를 옮겼는지 조금 낯설다. 늦장마에 계곡물은 목소리가 우렁차다. 매미 소리는 청량하다.

예전 후평동에 살 때 나이 든 아파트라 주위에 큰 나무가 많아 매미 소리를 여름내 귀가 아프도록 들었다. 가로등 불빛 때문에 밤낮을 구별하지 못하는 매미 소리에 밤새 깊은 잠을 못 자고 뒤척이기도 했었는데, 지금 스무숲 동네는 매미 소리가 귀하다.

안마산 쪽으로 올라가면 가끔 매미 소리를 듣곤 하지만 요즘은 그마저도 들리지 않아 폭포 입구에서 만난 매미 소리는 무척 반가웠다.

오랜만의 나들이여서 예전에 없던 구곡혼九曲魂의 낯선 구절이 오솔길 중간중간에서 나를 맞아준다. 어! 새로운 맛이네, 기대가 된다. 첫 번째 꿈(희망을 찾아서)을 만났다.

계곡을 옆구리에 끼고 걸으며 꿈꿀 수 있는 시간을 만나다니, 발가락이 돌부리에 차여도 아프지 않다. 가슴 가운데 작은 희망이 소물소물 올라온다. 한참을 쉬엄쉬엄 올라가며 계곡물에 귀를 씻고 다다르니 두 번째 끼(재능의 발견)를 만난다, 반갑다. 계곡 곳곳이 작은 폭포다. 아주 우렁차다. 내 안에 어떤 가능성이 싹트고 있을까. 잠시 눈을 작게 뜨고 그 소리를 찾아본다. 발걸음이 조금 빨라진다. 세 번째 꾀(일을 잘 해결하는 지혜)를 만났다 날마다 부딪치는 삶에 탈출구가 보이는 듯하다. 사방이 초록이다. 마음 같아서는 흐르는 계곡물에 발이라도 담그고 싶다. 숲처럼 물처럼 나도 흐르고 싶다.

네 번째 깡(마음에서 솟구치는 용기)을 만났다. 하루하루 무의미한 어제와 오늘을 바꾸어 보고 싶다. 정신을 바로 세워 큰 숨을 가슴 가득 들이쉬니 어느새 싱싱해진 얼굴이 배시시 웃는다.

다섯 번째 끈(한 분야의 최고봉)이 눈앞에 떡 버티고 선다. 이른 시각이라 폭포를 찾는 사람은 드물다. 오솔길이 휑하니 비어 있다.

계곡 옆에 낡은 집 한 채가 보인다. 인기척은 없는데 장닭이 큰 소리로 운다, 사람 소리가 반가운 모양이다.

작은 모퉁이를 돌아서니, 여섯 번째 끈(삶 속에서 맺어지는 관계)이 나타났다. 갑자기 물소리가 커진다. 폭포에서 내려온 하얀 포말의 물줄기가 큰 바위를 만나 환호하며 아래로 떨어진다. 단풍나무 아래 일곱 번째 꼴(누군가에게 보여주는 모습)이 웃는다. 초록의 터널이 눈을 시원하게 만들어준다. 가까운 곳에 우리의 허허로운 마음을 큰 가슴으로 안아주는 곳이 있음을 모르고 살았었네, 바쁜 마음이 차분해 오며 오늘이 고마워진다. 계곡 깊숙한 곳에 여덟 번째 깔(빛깔이나 맵시가 곱고 산뜻함)이 불쑥 반긴다. 폭포가 멀지 않은 것 같다. 높은 계단이 나타났다. 온몸에 감기는 초록의 습기는 대단하다. 몸과 마음이 촉촉이 젖어 든다.

  한 계단 한 계단 조심조심 폭포 앞에 오르니 하늘에서 쏟아져 내리는 물줄기의 기운이 가위 위협적이다. 아홉 번째 끝(여정의 끝은 새로운 시작)이 폭포 앞에 의연하다. 매미 소리가 폭포 소리에 질세라 더욱 크게 울어 제친다. 잠깐씩 물소리에 잠겨 버리기도 하지만 여전히 매미 소리는 우렁차다. 전망대 앞에 서니 여남은 명의 아침 손님이 폭포의 매력에 빠져 움직일 줄 모른다. 나도 폭포인 양, 매미 소리인 양, 그들과 하나 되어 온 정신을 몰입하다 돌아가는 길을 혹시 잊을까 등을 돌려 흰 포말이 자유로운 구곡폭포와 아쉽게 작별하고 돌아섰다.

  봉화산(해발 525.8m)이 품고 있는 생명수가 아홉 골짜기를 휘돌아 흘러내리고 선녀의 날개옷처럼 하늘거리는 아홉 줄기의 사뿐한 물 내림, 그 조화로운 물소리가 아름답고 단아한 폭포입니다.
  폭포에 이르는 황토 오솔길과 시냇물을 벗 삼아 폭포에 다다르면 꿈, 끼, 꾀, 깡, 꾼, 끈, 꼴, 깔, 끝의 쌍기역 아홉 가지 구곡혼을 담아 가실 수 있습니다.
  오늘 가슴에 모난 돌멩이 하나 품고 산으로 갔는데 매미 소리, 폭포 소리에 어느새 돌멩이 모서리 다 닳아서 동글동글한 예쁜 돌멩이 되었네, 집으로 가는 길에 강촌 강가에 내려서 퐁 퐁 퐁 여남은 개 물수제비 뜨고 돌아가야지.

아들의 골목길

 지난밤 꿈에, 오래전에 살던 교동 집을 만났다.

 장마철인가 마루에 빗물이 새는 꿈이었다. 그 집은 우리가 춘천에 이사 온 후 두 번의 전셋집을 살다 큰아이가 다섯 살 때 산 집이다.

 아들이 다섯 살 때 세발자전거를 마당에서 삐걱거리며 타고 노는 것을 성격이 좀 깐깐한 주인아주머니가 자전거 소리가 시끄럽다고 눈치를 주는 바람에 이사하기로 마음을 먹었었다.

 네 살 다섯 살 아이를 업고 걸리고 이사할 집을 구하려고 일주일을 다녔지만, 선뜻 집을 내어주는 곳이 없었다.

 처음 춘천에 짐을 푼 교동에서 서너 집 사이로 있던 집을 가까스로 만나 이사를 할 수 있었다.

 아주 오래된 가옥이라 가격이 싼 집이었다. 6·25를 치르고 나서 지은 재건 주택이 그 집이다.

전셋값에서 팔십만 원인가를 더 보태 연년생 두 아이가 주인집 눈치에서 벗어나 뛰어놀게 하느라 용기를 낸 것이다.

집 뒤에 교동 초등학교가 있고 길 건너 동부시장이 가까워 살아가기에는 아주 편안하고 조용한 동네였다. 그 집에 십여 년 사는 동안, 낡은 집이라서 여기저기 손보느라 노심초사했다.

낡은 기와가 어그러져 비가 오면 빗물이 마루에 흥건해 대야를 바쳐놓고 살기도 했고, 대문이 덜컹거려 새 대문을 다느라 공사를 벌였더니 벽돌담이 비스듬히 넘어가 담장까지 고치느라 고생 좀 했었다.

아이들은 그 집에서 유치원을 다니고 초등학교를 다녔다.

아이들의 유년 추억이 많이 담겨있는 소중한 곳이기도 하다. 그때는 교동 초등학교에 학생 수가 많아 우리 아이들은 오전반 오후반 2부 수업을 하기도 했다.

춘천 시내 초등학교 중 세 번째 인가 큰 학교였는데 지금 교동에는 아파트가 한 동도 없다. 오래된 단독 주택만 줄줄이 있는 동네라 학생 수가 줄어들어 교실이 많이 남아돈다고 한다,

며칠 전 남편 생일날 동부시장 쪽에서 저녁을 먹고 돌아

오는 길에 교동 옛집 골목을 찾아 들어갔다. 골목은 여전히 좁아 보도블록 대여섯 장 넓이로 많이 좁아 보였다.

함께 간 아들이 이 골목이 이렇게 좁았었나, 고개를 갸웃거린다. 골목 초입의 오 씨네 구멍가게는 없어지고 낯선 건물이 들어섰다.

그 골목 세 번째 우리가 살던 집은 좁은 터에 이층으로 지은 새집이 서먹하다.

앞집 학영이네 집은 많이 늙은 얼굴 그대로인데 할머니가 가꾸시던 작은 꽃밭의 채송화는 오늘도 피고 있었다. 늘름하고 푸르던 주목은 엄청 키가 자랐고 우리 집 대문 옆의 대추나무는 고개를 젖혀야 끝이 보이게 우람하다.

새벽이면 딸랑거리는 청소 리어카 방울 소리가 들리는 것 같고 이집 저집 대문이 열리고 연탄재 담은 사과 상자를 들고 슬리퍼 끌고 달려 나오던 추억이 새롭다.

그 골목에 낭자하던 아이들 웃음소리는 까마득하고 낯선 손님의 두런거리는 소리에 앞집 키 작은 강아지가 온통 야무지게 짖어댄다.

아들은 이 골목에서 자전거를 탔고 숨바꼭질하며 키가 컸는데 이젠 장년의 얼굴이 되어 골목 추억 찾기에 골몰한다.

내가 자란 어린 시절은 시골의 산과 들, 시냇가의 추억이 많은데 아들의 유년 추억은 이 좁은 골목길에 겹겹이 쌓여 있는 것 같다.

동네 골목길을 한 바퀴 돌아 나와도 낯익은 얼굴은 한 사람도 없이 추억만 수북한 채 우리가 산 십 년의 세월이 거기에 주저앉아 있었다.

그래도 아파트보다는 골목 추억이 더 알차지 싶기도 한데 누군가 꼭 아는 사람을 만날 것 같은 기대감은 골목길을 다 지나고 큰길에 나설 때까지 만나지 못했다.

저기 골목 세 번째 집에서 십 년을 살았다고 그렇게 수다 좀 떨고 싶었는데, 내 바람은 이루지 못하고 골목길을 서너 번 뒤돌아보는 아쉬움만 남기고 돌아서 나왔다.

옛날 사람이 이렇게 그리울 줄이야 미처 생각 못 했다.

어느새 저녁은 깊어져 가고, 만개했던 벚꽃이 바람에 날려 꽃비처럼 흩날리는 저녁이다.

퇴계동 집으로 돌아오는 우리의 마음은 공연히 아쉬움에 서로 말을 아끼며 조금 전의 골목길을 되짚어 본다.

어떤 이별

 입춘 추위가 대단했습니다.
 일주일째 춘천의 아침 기온이 영하 16도를 넘나들며 꽁꽁 세상을 얼려 놓았습니다.
 한낮에도 영하의 날씨는 입춘을 지나고서도 시치미를 뗍니다.
 지금은 오후 2시 하루 중 햇살이 가장 따뜻할 시간임에도 창문을 열고 보면 입김이 하얗게 시야를 가립니다.
 햇살이 민망했는지 창틀 가장자리에서 햇빛 궁구르기를 합니다.
 스무숲 공원에서 눈썰매를 타던 아이들의 낭자한 웃음소리도 일주일째 잠잠합니다. 워낙 춥다 보니 아이들의 입도 손도 얼어버릴 것 같아 걱정했더니 자기들이 알아서 눈썰매 타기를 멈추었습니다.
 이젠 봄이 오려나 입춘방을 붙이며 마음을 풀어 놓았는데 깜짝 놀랍게 추운 동장군의 으름장에 입을 도로 오므리고 겨울 속으로 침잠해 버렸습니다.

보일러를 다시 따뜻하게 올려놓고 쉽게 올 기미가 없는 봄 이야기는 아예 미루어 놓았더니 마음이 조금 편안해졌습니다.

같은 아파트에 오래 이웃하며 친척같이 오가던 지인이 엊그제 제일 추운 날 하늘나라로 떠났습니다.

봄을 기다리기 버거웠는지 그래도 중환자실에 삼일을 짧게 머무르고 가족들 추운 가슴 얼게 할까 봐 서둘러 이별하고 떠났습니다. 혼자 남은 그 댁 남편의 성근 머리숱이 더 추워 보이고 삼남매 울음도 속으로만 잦아들어 문상하러 가서 영정 앞에 선 나도 추위와 아쉬움에 입이 떨어지지 않았습니다. 추위도 추위지만 아직 무릎이 완쾌되지 않아 성당 장례미사도 참석 못 하고 아쉬운 마음만 태웠습니다.

지금쯤 한 줌 재로 생을 마감했을 걸 미루어 짐작하며 오후를 보냈습니다. 많이 아프고 고단했던 삶 훌훌 털고 그곳에서 씩씩하게 보내길 마음 모아 빌어 봅니다.

안방 침대 머리맡 창을 열면 내가 다니는 스무숲 성당이 바로 보입니다. 저녁이면 십자가에 불이 켜집니다. 저녁 잠자리에 들기 전 하루를 마감하며 오래 불을 바라봅니다.

새삼스러울 것도 없지만 오늘은 왠지 가슴이 뻥 하고 구멍이 난 것처럼 허무해집니다.

스무숲 공원의 잎 다 떨어진 나무를 한참 동안 멍하니 쳐다봅니다. 뜻밖의 이별이 마음을 오래 무겁게 하고 이제 내 나이를 속으로 가만히 헤아려 봅니다.

이 추위가 자리를 털고 떠나면 잎진 나무에 새잎이 살그머니 돋아나겠지요.

빈 나뭇가지에 박새 한 마리 홀로 앉았다가 날아갔습니다. 빈 가지가 휘청 흔들리며 떠나가는 새를 바라봅니다.

하늘은 내내 청명했습니다.

기온이 조금씩 봄을 실어 오면 을씨년스러운 겨울을 빨리 잊어버리고 싶네요.

눈 녹은 자리에 코스모스도 피고 회초리 같은 가지에도 다문다문 벚꽃도 피어나겠지요.

따뜻한 국물을 먹고 싶어 콩나물 한 봉지 사서 돌아오는 길, 아직 바닥에 남아있던 하얀 잔설이 바람 따라 하얗게 부서지며 바람이 부는 방향으로 횡하니 따라 바쁘게 달려갑니다.

겨울 끝은 언제나 매정합니다.

겨울은 자리를 내어주고 떠나기를 매우 망설이기도 하지요. 무슨 미련이 남아서인지 날마다 우리를 힘들게 하고 한 번씩 큰소리로 으름장을 놓습니다.

그래봐야 길지 않은 시간 안에 민망해하며 자리를 뜰 게 분명한데도 말입니다.

따뜻하고 너그러운 봄소식이 창문을 두드리면 이 추운 이별도 봄 속으로 잦아들고 말겠지요. 우리는 추운 겨울을 곧 잊어버리고 말 겁니다.

그래도 손 흔들어 잘 가라고 따뜻한 말로 인사하고 싶습니다.

잘 가요, 추운 겨울.

그리고 잘 가요, 하늘나라로 떠난 다정했던 눈빛의 이웃도.

벚꽃 위에 내리는 눈

4월 14일 아침 여섯 시 거실 커튼을 열고 아침 기색을 살핀다.

창문을 반쯤 열었는데 얼굴에 닿는 서늘한 감촉은 4월의 포근한 기온이 아니다.

창문 밖으로 보이는 경비실 뒤쪽에 분홍 벚꽃이 가지를 가득 채워 피었는데 차가운 기온은 사월의 계절이 아니다.

대룡산 쪽으로 눈을 돌리니 아뿔싸 대룡산에 흰 눈이 7부 능선을 덮었다. 벚꽃이 만개했는데 눈이라니 잘못 봤나 싶어 다시 눈을 커다랗게 뜨고 봐도 흰 눈이다. 그저께 만발했던 목련은 밤새 찬 눈바람에 몸살을 앓다 발아래로 하얗게 올봄을 마감하고 내려앉아 버렸다.

이게 무슨 상황일까? 정상적이지 않은 날씨에 두려움이 왈칵 밀려온다. 눈 속에 피는 복수초나 설중매는 예전부터 들었던 봄소식이고 눈 속에서 더 빛나는 그들이지만 벚꽃과 목련이 눈을 맞고 서 있는 모습은 너무 생소하고 낯설다.

  아무리 세월이 종잡을 수 없다고는 하지만 사월과 봄꽃이 눈 속에서 놀라야 하는 건 정말 아닌 것 같다.

  기후변화가 가져온 이상 현상치곤 이제 막 꽃봉오리를 내미는 연산홍이나 수수꽃다리에겐 너무 가혹한 게 아닌가, 내 가슴 절반이 무너진다.

  삼월 말에서 사월 넘어오면 제일 먼저 생강나무가 노랗게 웃고, 다음엔 개나리가 더 노랗게 활짝 웃고, 흰 목련이 하얗게 반기며 꽃잎을 수줍게 여는 게 정상적인 봄맞이다. 봄비 서너 차례 부드럽게 내리고 나면 벚꽃이 조금씩 꽃잎을 내밀며 벙그러지는 게 순서 아닌가. 꽃피는 순서도 뒤죽박죽, 자고 나서 하늘을 살피면 꽃피기 알맞은 따뜻한 기온이 잘 나가다 옆길로 새 버린다.

  밤새 기온이 곤두박질치면 찬비도 내리고 하얀 눈도 내리고 꽃은 새파랗게 놀라 피우려던 꽃잎을 오므리고 만다.

  스무숲 성당 쪽에 꽤 큰 벚나무에 꽃이 만발했다.

  아침나절부터 수상하던 하늘이 슬금슬금 흰 눈발이 날린다. 한 시간도 채 지나기 전 아주 작은 눈발은 난분분하게 춤을 추며 눈송이가 시야를 덮을 만큼 펄펄 내린다.

  식물마다 꽃을 피우는 데 필요한 추위와 따뜻한 온도가

제각각 다를텐데, 느닷없는 날씨 변덕에 속수무책이 안타깝다. 기후 전문가들은 이렇게 종잡을 수 없는 날씨 변덕은 우리 인간의 잘못도 한몫 거들고 있다고 늘 경고한다.

다음 주쯤은 재배 곰취 맛을 보려나 기대했는데 눈이 하얗게 곰취밭을 덮었다고 지인이 사진을 보내왔다.

이때쯤이면 눈개승마도 고기 맛을 안고 피어날 텐데 그도 눈 내리는 추위에 깜짝 놀라 성장점을 오므렸을 것 같고 마음이 종일 뒤숭숭해진다.

지난 14일 아침 화천 광덕산에는 10.4㎝ 정선 만항재에는 9.4㎝의 봄눈이 내려 모두를 놀라게 했었는데.

일주일 후 오늘은 그날 내린 눈은 거짓말이라고 우기고 싶도록 부활절 아침은 화사하고 따사롭다.

오늘 오후 퇴계동 날씨는 22°라고 핸드폰에 선명하게 뜬다. 앞동 아파트 옆구리 쪽으로 안마산이 보인다. 4월을 잎새 달이라고도 부르는데 아주 보드라워 보이는 연두색 나뭇잎이 몽글몽글 아지랑이를 닮았다.

일주일의 시간 차이를 두고 눈밭 속에서 피었던 벚꽃은 간밤 비에 발아래로 꽃비 되어 다 흩날리고 오늘은 영락없는 포근하고 여유로운 봄 날씨다.

안마산 중턱에 산 벚꽃이 연분홍 저고리를 입고 새로 핀 연두색 치마를 곱게 차려입고 지나간 일주일은 잊으라고 손짓한다.

베란다 창문 네 쪽을 모두 열어놓고 그동안 가두어 두었던 거실 공기를 창밖으로 모두 내보내고 오랜만에 나도 봄맞이에 분주하다. 오후가 되니 긴팔 옷이 어째 거추장스러운 것 같아 장롱 속에서 반팔 티셔츠를 찾아 입었더니 홀가분해진 내가 배시시 웃는다.

올봄을 실종신고 하려고 벼르고 있었는데, 그럴 필요 없다고 창문에 올라앉은 따사로운 햇볕이 손사래 치며 내 등을 소물소물 간질인다.

나는 가만히 봄볕 속으로 가라앉으며 간절히 기도하는 마음이 된다.

예전의 그 순서 있고 오밀조밀하던 봄 날씨가 살아났으면 얼마나 좋을까, 변덕이 팥죽 끓듯 울퉁불퉁한 봄맞이는 올 한 해로 끝맺음 했으면 좋겠다.

소소하게 평생을 살다 보니 봄 날씨는 출렁이지 않고 화사하게 그냥 그렇게 조용하고 순한 봄 속에서 나도 함께 웃으며 살다 가고 싶다.

4부

일흔 즈음에

무던한 사람

  어머니가 늘 하신 말씀 중에 "그래 그 사람 무던하지, 그렇고말고." 그 말씀하실 땐 어머니의 얼굴도 많이 평화로웠다.
  나는 어려서부터 그 말을 들을 때면 무슨 뜻인지 정확히 모르면서도 믿어도 되는 사람을 그렇게 표현하시는구나 미루어 짐작하며 그 말을 오래 기억에 담아두었다.
  새삼 이 나이가 되고 보니 무던한 사람을 만나는 게 정말 쉽지 않다는 걸 깨달아 가는 중이다. 깍쟁이 같은 세상에 자기 이득을 조금이라도 더 챙기려고 어제의 친구도 오늘은 모른다고 하는 일이 허다하게 벌어진다. 눈만 뜨면 악다구니하는 정치 뉴스와 멀쩡히 한 말도 손바닥 뒤집듯 잡아떼고 순수한 눈빛을 지닌 무던한 사람은 자꾸자꾸 보기 힘들고 어렵다.
  아침 신문을 보다 두면도 제대로 보기가 힘들어 접어놓고 국어사전을 찾아 '무던하다'를 찾아보았다. '마음씨가 너그럽다'로 나온다. 내 주위에 무던한 사람이 누가 있지? 내가 맘 놓고 하소연할 수도 있고 도움을 청할 수도 있는 사람을 나는 몇 명이나 곁에 두고 있을까? 잠시 깊은 생각에 잠긴다.

또 내가 남에게 어떤 사람으로 구분되어 지는지 궁금해진다. 나는 무던하고 후덕하게 살고 싶은데 영 자신이 없다. 내 욕심이지 기준은 애매모호하기도 하다. 허물없이 친한 사람들의 무심한 행동에서 때론 고개가 끄덕여지기도 하고 아이고! 저건 아닌데, 깜짝 놀라기도 여러 번이다. 나에게 있어 무던한 사람은 이런 사람이 아닐까? 매번 되짚어 본다.

예를 들어 상대방의 이야기를 진지하게 끝까지 들어 주는 사람, 문을 열고 나올 때 뒤에 누가 오는지 확인하며 문꼬리를 잡고 잠시 기다려 주는 사람, 헤어질 때 한 번쯤 뒤돌아봐 주는 사람, 작은 인연에도 고맙다 반갑다는 인사를 잊지 않는 사람, 남의 말을 함부로 단정 지어 말하지 않는 사람, 상대방의 기쁜 일에 온몸으로 축하해 주는 사람 말이다. 인간의 심리란 참으로 희한해서 친구나 가족의 큰 성공에 기뻐해 주는 것이 큰 슬픔에 함께 우는 것보다 더 어렵다는 얘기를 들은 적이 있다. 깊이 공감하고 나도 반성한

적이 있다. 자신의 자존감과 연결되어 있기 때문에 그런 얘기가 맞을 수 있다. 약간의 경쟁의식도 작용하겠지만 진심 쪽으로 많이 기울어져 있어야 진정한 축하가 나올 테니까 스스로 고개를 끄덕인 적도 있다.

  오십 년을 부대끼며 살아온 남편도 때론 '여보세요, 그건 아니 올시다' 외치고 싶을 때가 종종 있으니 이 문제는 세월이 해결해 주는 것도 아니고 인간 본연의 심성에서 자연스레 몸에 배는 덕목으로 치부해 마음 안쪽에 깊이 저장해 놓는다.

  때론 사람보다 반려동물에 마음 편해하는 사람 심리를 이해하기도 한다. 무던한 사람은 자칫 자기 생각이 없는 평범함에서 오는 것이 아닐까, 오해하는 마음도 생긴다.

  가끔 여러 사람이 이말 저말 많이 나올 때 그 생각도 옳은데, 어! 그 말에도 일리가 있구먼. 이렇게 모나지 않게 두루뭉술 표현을 할 때 그런 생각이 잠깐씩 든다. 하지만 너도 맞고, 또 너도 맞다고 하는 건 스스로 해답을 찾게 하는 묘수가 숨어있다. 문제의 정답은 언제나 자기 몫이라고 생각한다.

  나는 어려서부터 싸움을 잘 못한다. 누가 큰소리 내면 무조건 그 말이 옳은 것 같아 반론을 잘 못한다.

그래서 씩씩하게 자기주장을 펴는 사람을 부러워하기도 하고 존경스러워하기도 했다. 지나고 나면 억울해할 때도 있는데 나중 곱씹어보면 내가 옳다 큰소리 안 낸 것이 득이 될 때도 있다. 그땐 피식 웃음이 나온다.

사람의 진가는 인생 끝에 관 뚜껑 덮고 나면 다 나타난다고도 한다.

그 사람 됨됨이가 적나라하게 모두의 생각에서 점수 매겨지듯 펼쳐지는 거니까, 크게 모서리 만들지 않는 말과 매무새는 유연하게 행동하고, 그렇게 내 인생 후반부를 엮어가고 싶은데 생각처럼 쉽지 않은 것도 왼쪽 머리는 알고 있다.

말을 이쁘게 하는 사람을 만나면 공연히 내 기분도 좋아진다.

더 욕심부려보면 성격 무던한 사람을 만나면 다시 또 오래 만나고 싶고 닮고 싶어지는 욕심이 생긴다.

내가 갖지 못한 상대방의 좋은 점을 자꾸 흉내 내며 좋은 세상 아름답게 마무리하고 싶다.

입을 떼다

  앵두꽃 필 때 시집간 언니가 첫 친정 나들이에 내게 작은 고무공 하나를 사다 주었다.

  처음 가져보는 말랑말랑한 공은 손바닥으로 땅에 힘껏 내려치면 통통 튀어 오르는 게 여간 재미있지 않았다.

  놀잇거리래야 공기놀이, 고무줄넘기, 숨바꼭질이 전부였던 나는 공놀이가 그렇게 신기할 줄 몰랐다.

  옆집 친구와 둘이 해질녘까지 공놀이하다 그 공이 풀숲 어딘가로 숨어버렸다.

  도랑 풀숲을 헤치고 공을 찾다 풀쐐기에 팔뚝을 쏘이고 어느새 어둠이 내렸다. 꼭꼭 숨은 공은 끝내 찾지 못하고 참았던 울음을 터트리며 발을 동동 굴렀지만 숨어 버린 공은 영영 돌아오지 않았다.

  언니는 스물두 살에 시집을 갔다.

형부는 초등학교 선생님이셨고 언니보다 네 살이 많은, 키가 껑충하니 크고 좀 마른 편이었고 말솜씨가 좋았다.

처음 우리집에 오던 날도 아버지, 어머니 앞에서도 스스럼없이 대화를 이끌었고, 초등학교 5학년인 나에게도 막내 처제라며 친절하게 말을 걸어왔다.

가을 수숫잎이 바람에 흔들리면 중매쟁이는 처녀가 있는 집 문지방이 닳도록 드나든다는 얘기가 있듯이 언니의 중매도 순식간에 이루어졌다.

진작부터 시집갈 준비를 하고 있었는지 언니는 늘 등잔불을 쌍심지로 켜놓고 동그란 수틀에 광목천을 팽팽하게 끼워서 십자수를 놓았다.

가지가지 색실로 붉은 목단꽃에 노랑나비가 쌍으로 앉은 횃대보도 수놓고 푸른 소나무 가지에 막 날아와 날개를 접는 황새의 긴 부리도 십자수 안에 자리 잡았다.

손님방에 내놓을 방석 커버도 여남은 장씩 수놓아져 차곡차곡 접어놓고, 명주실로 수놓은 베갯모도 두 쌍씩 대여섯 벌씩 준비하는 걸, 언니 방을 들락거리며 구경했다.

어느 날 아버지가 드디어 입을 떼 주셨다.

형부 될 분 아버지와 작은외삼촌이 친분이 있어서 아버지께 중매를 넣은 모양이다.

그때 언니는 집에 없었다.

대화에 있는 큰댁에 다니러 간 사이 그 일이 매듭이 난 것이다.

큰댁 건너편 색실 가게에서 언니는 십자수에 필요한 색실을 고르고 수본도 챙기는 걸 유심히 본 주인아주머니가 건너편 초등학교 총각 선생님을 소개해 주었다.

그냥 먼발치에서 서로 곁눈질로 보았지만, 인품도 좋아 보이고 인물도 훤해서 언니도 첫눈에 괜찮네, 내심 마음이 두근거렸단다.

큰어머니를 통해 알아본 선생님은 본가가 진부고 형님도 선생님이시고 차남인 데다 농토도 많은 시골 부잣집 아들이라고 전해 들었단다.

다음 날 집에 돌아온 언니는 아버지가 어제 입을 떼 준 사실을 알았다. 어머니가 내민 신랑감 사진을 언니는 보지도 않고 돌아앉았다.

부엌과 안방과 사랑방을 드나들며 내가 눈치챈 것은 부엌 아궁이 앞에서 언니가 눈물을 보이며 아버지의 허혼을 말려 달라고 어머니를 조르는 것이었다.

우리 집에서 아버지의 결정은 절대적이었다.

아무도 그 결정을 거스르지 못하는 것임을 우리 가족은

너무 잘 알고 있고 막내인 나도 다 알고 있었다.

어머니가 언니를 달래며 하시는 말씀은 똑같은 선생님이고 아버지가 택한 신랑이 언니와 궁합이 아주 좋다는 말로 언니를 설득하는 것뿐이었다.

어린 내 생각에도 아버지가 결정한 일이 어련할까. 언니가 빨리 마음을 접었으면 좋겠네, 그 생각뿐이었다.

언니는 사나흘 백일홍이 가득 핀 꽃밭 언저리를 서성거리기도 하고 장독대 모서리에 쭈그리고 앉아 있기도 했다.

언니의 작은 반항도 오래가지 못했다.

어느 날 사주단자가 들어오고 입 뗀 지 한 달이 채 되기 전에 신랑 될 사람이 우리집에 성큼 다녀가고 언니의 마음도 곧 평화로워져 새가슴같이 콩닥거리던 나도, 형부 될 사람이 금세 좋아졌다.

그렇게 언니는 시집을 가 버렸고 나는 늘 언니를 그리워하며 언니가 있던 방과 꽃밭을 드나들며 언니를 보고 싶어했다.

언니는 올해 결혼 60주년이 되는 회혼례를 맞았다.

옛날에는 신랑은 사모관대를 쓰고 신부는 족두리를 쓰고 연지곤지를 찍고 회혼례 잔치를 치렀다고 한다.

언니와 형부는 자식들이 마련해준 소박한 잔칫상을 받고 두 분이 제주도 여행을 다녀오시며 환하게 웃는 사진을 내게 보내왔다. 문득 아버지 생각이 간절하다.

60년 전 아버지가 옳으셨습니다. 먼 하늘 쪽을 바라보며 아버지의 올곧은 혜안에 감사드린다.

평창에는 방아다리 약수가 있다

 가슴속에 오래 묻어 두었던 은밀한 비밀을 꺼내듯 많이 벼르고 별러 영동 고속도로 속사 IC에서 길을 잡아 방아다리 약수를 찾아갔다. 예전에 오대산을 들러 춘천으로 오는 길에 진부 가우 삼거리에서 두일쪽으로 들어가 다녀온 적이 있는데 그때는 방아다리 약수가 오대산 국립공원에 속해 있을 때였다.
 지금의 방아다리 약수는 개인이 운영하는 전나무쉼터 '밀부릿지'로 알려져 있고 일송 김익노 회장님이 60여 년 전 전나무를 심고 가꾸어 터전이 마련된 긴 시간 준비된 자연의 쉼터다.
 방아다리 약수 지명은 땅 모양이 시골의 디딜방아를 닮아 방아다리 약수터라고 했다고 한다. 약수의 유명세는 조선 숙종 때부터 효능이 뛰어난 약수로 알려져 지금까지 자타가 다 인정하는 유명한 곳이다.

예전엔 몸만 치유하는 곳이었다면 지금은 몸도 마음도 함께 치유하는 곳으로 새롭게 단장한 곳이다.

약수터엔 커다란 오지항아리가 묻혀있고 맑은 약수가 항아리 가득 고여 있었다. 지나는 이 드물어 약수는 넘치는데 아직 이른 시간이라 길손은 보이지 않는다. 나는 가지고 간 컵으로 약수를 하나 가득 떠 천천히 마셨다. 탄산 향이 나는 약수는 여전히 진하고 짜릿하다.

약수터를 지키는 수호신 용신당과 산신당이 지금도 굳건히 존재하고 있어 약수터 계단을 내려 가면서 마음이 왠지 경건해지기도 했다.

내가 이곳을 찾은 전날 저녁, 4월 마지막 날이었는데 오대산 비로봉엔 봄눈이 3cm 소복이 내렸다.

핸드폰으로 전나무 숲을 찍을 때 손이 많이 시려서 두 손을 계속 꼼지락거리며 산길을 올라갔다. 내일이 5월인데 눈이 내리다니, 평창은 그런 곳이다. 봄이 왔나 싶다가도 겨울이 되돌아 와 있고 파릇파릇 올라온 감자순이 아침이면 하얗게 얼어 있기도 하는 곳이 평창이다. 그래서 평창 사람들은 단단하다. 추위에 속이 영글어 웬만한 추위와 더위에도 끄떡없이 잘 참아낸다.

지금 춘천은 벚꽃이 떨어진 지 보름이 지났는데 이곳은

이제 산 벚꽃이 한창이다. 연둣빛 연한 새순과 다문다문 피어난 연분홍 산 벚꽃은 색감이 잘 어울리는 그림을 평창의 산은 그리고 있었다.

키가 큰 전나무 숲을 지나니 내 키도 성큼 커진 것 같다.

키 큰 나무를 고개 젖혀 쳐다보니 내 영혼도 나무를 닮아 청정하게 맑아져 있는 것 같아 기분이 상쾌해진다.

약수터 옆 골 깊은 계곡에는 맑은 물이 졸졸졸 소리 내며 흐른다. 물은 흐르다 바위도 적시고 풀잎도 건드려보고, 낭떠러지기를 만나면 폭포처럼 큰 물소리를 내며 계곡 아래로 빠르게 흐른다.

지난겨울 눈바람에 얼굴이 하얗게 바랜 산죽이 삐죽삐죽 아는 체를 한다. 이제 막 피기 시작한 연두색 홑잎이 홀홀히 탐스럽고 옆길엔 다래 순이 넘실댄다. 까실쑥부쟁이도 쏘옥 고개 내밀고 참나물도, 호랑고비도 무더기무더기 얼굴을 들고 봄을 살핀다.

들풀은 혼자가 아니었다. 서로 이웃을 이루고 안부를 묻는 듯 외롭지 않게 어깨동무하며 전나무 숲을 지킨다.

전나무 숲 쉼터는 숙박 시설도 있고, 세미나실, 갤러리, 카페, 식당, 자연 약수 체험장 등이 다양하게 준비된 휴양지였다.

아담한 갤러리에는 담다, 닮다라는 도자기 사진전이 열리고 있었다.

날렵한 접시류, 고급스러운 다기류, 투박한 질그릇의 따뜻함도 보이고 달항아리의 넉넉한 인품도 손색없이 보여준다. 묘하게 마음을 끄는 갤러리 분위기에 오래 마음을 빼앗기다 옆방 카페 문을 밀었다.

밀부릿지 카페에는 훅 마중하는 커피 향이 없고 은은하고 달짝지근한 향이 조용히 다가와 안긴다. 손님이 없어서인지 카페 주인은 부재중이다. 조금 전 약수 한 컵을 욕심내 다 마셨더니 약수 탄산 향이 입안에 아직 진하게 남아있어 차 주문은 하지 않고 허브향만 코로 마시고 카페를 나왔다.

한 시간쯤 이곳저곳을 기웃대다 천천히 산길을 내려온다.

전나무는 아름이 넘게 몸집이 커서 나무 뒤에 내가 숨으니 동행한 남편이 나를 찾아 두리번거린다. 내 한 몸 숨기기에 딱 알맞은 나무 둘레다. 빗살 모양으로 가지런하고 우람하게 잘 자란 전나무 숲길은 오랜 세월의 흔적이 겹겹이 쌓여 있어 자연 그대로의 모습이 참 건강해 보인다.

숲길 양쪽에 드문드문 놓인 의자가 마음에 들어 또다시 시간을 붙잡아놓고 편하게 앉아 본다.

숲의 내음과 숲의 두런거리는 소리를 가슴으로 들으며 일상에서 가져온 가지가지 찌꺼기를 모조리 토해내고 자리를 털고 일어섰다.

산길을 쉬엄쉬엄 내려오다 뒤돌아보니 내가 앉아 있던 의자엔 바람이 잠깐씩 숨을 고르다 가고, 또 다른 의자엔 전나무 숲 긴 그림자가 느긋이 앉아 아쉽게 떠나는 나를 배웅하고 있었다.

꽃에 묻히다

 김유정 문학촌 낭만누리 잔디밭에 노란 파라솔이 둥둥 떠 있습니다. 하늘은 흰 구름이 잠시 무늬를 이루고 솟대 마당에 가을을 알리는 고추잠자리 한가로이 사분사분 날고 있습니다.
 언덕 위 작은 밭에는 메밀꽃이 하얗게 피었고 현악 4중주의 연주곡 비발디의 사계가 감미롭게 낭만누리 잔디밭에 흐르며 반가운 손님들을 마중 나와 주었습니다.
 시상식장 전면에 걸린 제1회 실레작가상 시상식 현수막에 웃는 내 모습이 수줍습니다.
 꽃을 든 낯익은 얼굴들이 하나둘 노란 파라솔 아래로 손을 흔들며 모입니다.
 오늘 아침 집에서 출발 30분 전에 남편이 청심환 한 알을 내밀었습니다. 소심한 내가 안절부절못하는 게 딱해 보였는지 실수하지 말라고 배려하는 건지 미루어 짐작하고 군말

없이 받아먹었습니다.

어제는 수상소감을 미리 써서 준비하다 난감했습니다.

할 때마다 딴소리가 나옵니다. 엉뚱한 멘트가 나를 당황하게 했습니다. 이게 무슨 상황일까, 진땀이 났습니다.

시상식장에 도착하니 의외로 마음이 차분해졌습니다.

사회자와 나누는 토크 콘서트 시간에 좀 허둥대면 어때, 질문에 좀 동문서답하면 어때, 잠깐의 실수도 축하하러 온 손님에게 재미있는 웃음을 줄 수도 있지 않을까? 배짱이 조금 생겼습니다.

며칠 전 남편은 시상식에 입고 갈 새 옷을 장만하길 권했습니다.

하지만 새 옷처럼 불편한 것도 없다는 걸 아는 나는 몇 년 전 입던 편한 옷 하나를 골라 다림질해 두었습니다.

몸에 익숙한 옷이 마음에도 익숙한 법이니까요.

신발도 편한 거로 신발장에서 찾아 신었습니다.

정각 11시 시상식이 시작되었습니다.

상패와 상금 패널 장서인 시상이 있었습니다. 장서인 날인 작품집은 며느리에게 주었습니다.

글 쓰는 나를 이해해 주고 늘 도움을 주고 싶어 하는 며느리가 고마워 진작부터 주리라 마음먹었습니다.

반가운 소식은 여름 소나기처럼 불쑥 제게 찾아왔습니다. 칠십 년이 넘도록 타박타박 걸어온 먼 길 끝에서 만난 오늘이 제겐 커다란 행운이고 큰 축복입니다.

문득 고향집 툇마루에 앉으면 먼 산이 슬며시 내게 말 걸어주는 그런 편안한 마음이 오늘 듭니다

매무새가 출중하지 못한 제 이야기에 귀 기울여 주신 심사 위원님들께 감사 말씀드립니다.

그리고 오늘 저를 축하하러 오신 많은 문우님들, 친지분들 정말 감사합니다.

오래전 어느 작가님이 자신을 키워준 것은 8할이 바람이었다는 이야기를 읽은 기억이 있습니다.

저를 이 자리에 설 수 있게 만들어 준 것은 고향의 산과 들이었고 피붙이 같은 이웃이었습니다.

'아이고 우리 막내 대견하다' 하실 어머니 생각이 오늘 많이 납니다. 저는 글을 쓰면서 누군가 제 이야기를 읽고 마음이 따뜻해지는 그런 글을 쓰고 싶은 욕심이 늘 있었습니다. 그래, 맞아. 고개 끄덕여주는 공감을 얻고 싶고 함께 공유할 수 있는 글감을 찾아다녔습니다.

제가 자리 잡고 사는 이웃의 따뜻한 눈길이 좋았고 가감 없이 표현해 보고 싶은 마음으로 글을 썼습니다.

행주를 삶다가도 맞춤한 생각이 떠오르면 신이 났고, 티격태격 남편의 지청구에서도 스토리를 주워 올렸고, 50년 전 살았던 전셋집 골목길에서도 바로 이거네, 깨우침을 얻을 때 정말 좋았습니다.

더러 맞장구쳐주는 누군가를 만났을 때 그 이야기가 한없이 소중하게 마음을 적셨습니다.

오후 네 시가 되면 어김없이 피어나는 분꽃을 보며 '너도 늦었구나, 나도 늦었는데' 갓 핀 꽃잎에 눈을 맞추며 우린 묘하게 닮은 웃음을 은밀하게 공유합니다. 이제 사립문 밖에서 주춤주춤 다가오는 어둠에(나이 듦에) 대한 두려움은 잊기로 했습니다.

내일은 더 기쁜 날이 올 것 같은 예감으로 목을 길게 늘이고 기다리겠습니다.

심사위원님의 총평에, 욕심 없고 순박한, 깔끔하고 느끼하지 않은, 연하고 산뜻하면서도 곡진한 작품이라는 그 말씀을 늘 마음에 담고 노력하려고 합니다.

반갑고 고마운 분들의 꽃다발 속에 푹 묻혔습니다.

서면에 감자꽃이 피었어요

 아침 식탁에서 아욱 된장국에 밥을 말아 먹던 남편이 지나가는 말로 오전에 서면 감자꽃을 찍으러 간다고 말한다.
 "벌써 감자꽃이 폈어요?" 달력을 살펴보니 하지가 꼭 한 달 남았다.
 서둘러 아침밥을 끝내는 남편을 따라 나도 챙이 넓은 모자를 찾아 쓰고 따라나섰다.
 신매 대교를 막 건너 원형 로터리를 지나니 오른쪽 왼쪽 감자밭에 하얀 감자꽃이 장관이다.
 아침 햇살을 받아 감자순은 싱싱하고 노란 꽃술이 도드라진 감자꽃이 탐스럽다.
 봉평 메밀꽃 필 무렵의 모습과 많이 닮았다.
 미스터페오 카페 마당에 주차하고 카메라를 든 남편은 감자밭으로 사라지고, 나는 눈이 모자라게 넓은 감자밭을 햇살에 미간을 좁혀 가며 둘레둘레 감탄하다 천천히 강 쪽으로 걸어 나갔다.

카페 잔디밭을 지나 강으로 향하는 작은 문을 지나니 오미나루터가 나온다.

신매 대교가 생기기 전 이 나루터는 서면 사람들이 강 건너 마을 춘천으로 나가는 길목이었다.

서면에서 나는 농산물을 이고 지고 이 나루를 건너 춘천장에 내다 팔아 자식들을 공부시켜 머리 좋은 박사를 많이 만들어 '박사마을'이 된 역사가 거기 있었다. 한참을 오미나루의 내력을 되짚어 보다 의암호로 향하는 자전거 도로를 따라 천천히 걸었다.

걷기 좋은 날이다.

작은 오솔길에 쏟아지는 오월의 햇빛이, 가끔 부는 바람이 그렇다. 하늘에 몇 조각 자유롭게 떠도는 구름도 그렇다.

예전에 내가 자라던 평창에도 감자꽃이 많이 피었다.

하얀 꽃이 핀 감자는 흰 감자, 보라색 꽃이 핀 감자는 자주감자 그렇게 구분했는데 이곳 서면에 핀 감자꽃은 모두 하얀 꽃이다. 아마 다 흰 감자를 심은 모양이다.

감자밭 이랑을 따라 한참을 걷다 보니 무슨 향일까, 코끝이 갑자기 달콤해진다. 강 쪽으로 제법 울창하게 우거진 숲이 다가오는데 하얀 찔레꽃이 만발했다. 찔레꽃이 가끔

부는 바람에 향기를 날리고 있었다. 꽃은 작은데 향은 진하고 고급스럽다. 앉아서 쉴 의자가 있으면 한나절 이곳에 머물고 싶다.

코끝에 찔레 향을 얹고 한참을 더 걸었다. 오른쪽 감자밭 주인은 부지런한가보다, 밭고랑 옆 작은 자투리땅에 강낭콩을 심었다. 떡잎이 양쪽으로 가지런하고 새순이 건강하다.

그 옆 작은 이랑 한 줄에는 파씨를 뿌려 실오라기 같은 파 싹이 송송 올라와 키 재기를 하며 씩씩하다. 허리를 굽혀 나도 눈을 맞추어 응원해 주고 나니 입가에 슬그머니 웃음이 피어난다.

옛날 우리 어머니도 논두렁엔 메주콩을 다문다문 심으셨고, 밭둑엔 강낭콩도 묻으셨지. 손바닥만 한 공터에는 아욱 씨앗을 뿌려서 된장국을 끓이셨고, 부추 모종도 빈 땅 여기저기에 꽂으셨다.

밭둑 돌멩이를 골라내고 호박 구덩이를 대여섯 개 만들어 여름엔 애호박을 따서 볶아 먹고 가을엔 노랗게 익은 맷돌 호박을 저녁나절 머리에 이고 돌아오셨지. 눈 내리는 겨울에는 늙은 호박으로 호박죽을 만들어 주시며 "얘야, 맛있니?" 눈웃음을 지으시던 우리 어머니.

보리쌀 한 톨도 허투루 안 하시고 아침밥이 점심때 벌써 쉬쉬해지면 찬 우물물을 바가지로 떠서 쉰내 나는 밥도 물에 말아 드시던 알뜰한 어머니, 요즘 내가 흰 쌀밥도 잘 건사하지 못하고 버리기도 하는 걸 보셨다면 곡식 귀한 줄 모른다고 무섭게 나무라실 것 같다.

강 건너 아파트촌에 살다 가끔 신매대교 건너, 서면 마을에 오면 나는 곧잘 고향을 만나고 그곳에서 보고 싶은 어머니도 만난다.

서면은 끊임없이 무언가를 키워내는 마을이다.

부지런하고, 단단하고, 애착이 많은 사람들이 사는 곳이다.

한 30분 걷다 보니 오른쪽에 키가 큰 뽕나무밭을 만났다. 손바닥보다 조금 큰 실한 뽕잎이 햇살에 반짝인다. 그 옆줄엔 딸기나무도 건강하다. 막 꽃을 지운 딸기나무는 꽃자리에 열매가 맺혔다.

오랜만에 싱싱한 뽕잎을 보니 반갑다.

지금은 누에를 치는 곳을 보지 못하지만 내가 어렸을 적 우리 집은 해마다 뽕잎을 따다 누에를 쳤다. 누에 농사는 한 달 남짓 걸린다.

누에는 냄새에 민감하고 농약에도 약하다. 아주 무공해로 정성을 들여 키워야 한다.

누에는 네 잠을 잔다. 처음엔 뽕잎을 칼로 잘게 채를 썰어 먹인다. 한잠을 잘 때마다 누에는 허물을 벗으며 몸집을 키운다.

　세 잠을 자고 나면 누에는 청년이 된다. 누에 방에 들어가면 뽕잎 먹는 소리가 서걱서걱 소나기 소리처럼 요란하다.

　네 잠을 자고 나면 누에는 노년이 된다. 누에의 몸집이 조금씩 작아진다. 햇볕에 누에 몸을 비춰보고 노란빛이 돌면 누에가 익었다고 표현한다. 청솔가지를 잘게 잘라 누에 방에 가지런히 세우고 익은 누에를 조심스레 청솔 섶에 올려놓는다.

　며칠이 지나면 누에는 입에서 실을 뽑아 고치를 짓기 시작한다. 아주 단단하게 타원형 하얀 집을 지어놓고 누에의 일생은 끝이 난다.

　내 기억으로는 잘 지은 누에고치를 하나씩 따서 소쿠리에 담아 공동 수매를 통해 제사공장에 납품도 하고 우리집은 어머니가 물레를 돌려 명주실을 뽑아 명주필을 만들어 옷감으로, 이불감으로 쓰셨던 생각이 난다.

　불을 지핀 작은 무쇠솥에 누에고치를 물에 담가놓고 물레를 돌려 실을 뽑아 올린다. 고치가 물속에서 돌돌돌 굴러가며 실을 끊임없이 내준다. 실을 다 뽑아내면 번데기만 솥바닥에 오롯이 남는다. 물에 불은 번데기는 따뜻한 부뚜막에 올려놓아 꼬들꼬들 물기가 마르면 한 움큼씩 우리 형제의 고소한 간식이 되었다.

명주실은 씨줄 날줄이 되어 베틀에서 찰칵찰칵 바디 소리가 끝나면 명주 천이 한 필씩 완성된다.

명주 천은 다시 물감으로 색을 입혀 다듬이질로 곱고 정갈한 옷감으로 새롭게 태어난다. 이새가 여물었던 어머니 덕에 명주 천으로 아버지 바지저고리도 만들고 우리 형제들 따뜻한 옷도 뚝딱 만들어 내시는 어머니셨다. 나는 자주색 치마와 꼭두서니 색 끝동을 단 연두색 저고리를 맵시 나게 입고 좋아하던 기억이 어제 같다.

너무 오래 잊고 살았던 그 옛날 기억을 오늘 서면 감자밭둑에서 갑자기 만난 뽕잎 덕에 명주 실타래같이 꾸역꾸역 반갑게 만날 수 있었다.

두 시간째 서면의 안길을 걸으며 하얀 감자꽃도 만나고 찔레꽃의 달콤한 향에 행복했고, 누에를 쳐서 명주옷을 만들어 주신 어머니의 수고로움도 생각났다.

코끝이 찡해오는 따뜻한 재회에 오늘이 고맙고 소중해서 눈물이 날 것 같아 한참 하늘을 쳐다보았다.

화목원의 대추라떼

일 년 중 가장 춥다는 대한 절기다.

햇살이 펴진 오후 시간 주섬주섬 사진기와 삼각대를 챙기는 남편을 따라 나도 털장갑을 챙겨놓고 두툼한 패딩 코트를 장롱에서 꺼낸다. 현관을 나서니 기다렸던 겨울바람이 얼굴로 달려들지만, 햇볕 쪽은 그래도 여유가 느껴진다.

소양2교를 건너 사농동 교육청을 지나 신매대교 사거리에서 우회전이다. 오후 2시다. 햇살이 제법 따사롭게 비친다. 화목원 입구에서 핸드폰으로 알림 톡을 찍고 입장을 한다.

색유리 안쪽에서, 춥지 않으세요? 안내 직원의 따뜻한 인사말이 반갑다.

우리 부부가 화목원 드나들기는 코로나가 기승을 부린 작년 봄부터인 것 같다.

봄 여름엔 꽃도 많고 바람도 한결 차분하고 숲 향기도 푸근하고 여유로워서 시도 때도 없이 드나들었다.

추운 겨울엔 갈 곳이 이곳밖에 없어 동짓날에도 오고 설 연휴에도 얼굴도장을 찍었다.

처음 대추라떼를 맛보여준 사람이 남편이었다. 분수대 앞 넓은 정자에서 해바라기하는데 따뜻한 차를 건네준다. 달콤한 라떼는 추위에 목을 움츠린 나를 금방 따뜻하게 녹여 주었다.

빨대를 타고 올라온 달콤한 대추 향이 입에서 달고 목 넘김이 아주 부드러웠다. 목줄기에서부터 가슴 언저리까지 금세 따뜻해 온다.

햇볕은 얼굴 전체를 따스하게 비추고 대추차의 달콤함은 한겨울 추위를 사르르 녹이며 입가에 미소가 저절로 번지게 한다.

고향 친구 셋이 샘밭에서 청국장으로 점심을 먹었다.

따뜻한 카페에서 커피를 마시자는 친구 손을 잡아당겨 한겨울에 화목원에 왔다.

추운 겨울에 화목원엔 왜 가지? 의아해하는 친구에게 기막힌 차 맛과 따뜻한 카페가 있다고 너스레를 떨었다.

화목원 매점에서 대추라떼 세 잔을 사 들고 꽃이 피어있는 화목원 난실에 들어섰다. 따뜻한 실내 온도도 안성맞춤

이고 난 꽃이 활짝 피어있어 두 친구 입에 웃음이 번진다. 어머 웬일이야! 세 친구는 눈을 맞춘다.

　꽃 넝쿨 아래 의자도 있고 셋이 앉아 대추차의 달콤함을 마신다. 정말 기막힌 카페구나, 난향은 우리를 더없이 행복하게 만들어 주었다. 한 겨울이라 오가는 사람도 별로 없이 차 맛도 좋고 난향도 좋고 우리 친구도 좋고 셋이서 모두 즐겁다. 두 시간 정도 머무는 내내 이야기와, 차 맛과, 난향이 온통 우리 것이다. 다음에 또 오자, 우린 약속하고 아쉽게 한거울이 난향과 대추향을 작별했다

　화목원 정원은 여전히 겨울이었다.

　메타스퀘어의 키 큰 나무를 쳐다본다. 잎이 하나도 없는 추운 얼굴로 바람 앞에 맨얼굴로 의연히 서 있다. 나무 사이로 불어오는 바람은 걸림이 없이 나무를 사이에 두고 비껴가고 나무는 큰마음으로 조용히 바람을 보낸다.

　머지않아 화목원 마당에 찾아올 봄을 기다리며 목련나무도 꽃망울을 준비하고 저 분수대 앞 넓은 꽃밭에는 사월이면 빨간색과 노란색의 튤립이 피어날 것이다.

　추운 나무도 봄을 기다리고, 추운 나도 꽃 피는 봄을 목을 길게 느리고 기다려 본다. 화목원의 대추라떼는 한겨울 중간에도 이곳에 다시 올 이유를 내게 충분히 만들어 주었다.

돌나물김치를 담그다

딩동 친구 문자가 왔다.
"뭐 하니?"
"나 신문보다 조금 졸다 하품하고 있다. 넌 뭐 하는데?"
"지금 돌나물김치 담갔어. 아침 일찍 밭에 갔더니 돌나물이 한 뼘씩 자라고 있어서 꽃피기 전에 서둘렀지. 봄볕에 금방 꽃봉오리가 맺히기 때문에 오늘이 아주 알맞네. 너도 담아볼래?"

돌나물김치? 나도 담그자. 친구는 작은 텃밭에 농사를 짓는다. 요즘 입맛이 없어 밥 먹기가 까칠했는데 친구의 돌나물김치 소식에 나도 서둘렀다.

풍물시장에서 돌나물 한 바구니와 줄기가 빨갛고 향이 좋은 돌미나리 한 단, 손바닥 길이만 한 작은 오이 다섯 개를 사 왔다. 찹쌀 풀을 연하게 쑤어 넣고 빨간 고추를 갈고,

양념 많이 안 넣고 돌나물 향과 미나리 향을 살려 김치 통 하나에 잘박잘박 김칫국물이 잠기게 돌나물김치를 담갔다.

 반나절 베란다에서 익혔더니 알맞게 간이 들었다. 돌나물의 신선한 향이 입안에서 뱅글뱅글 웃는다. 미나리 향보다는 연하지만 내 입맛에는 그 돌나물 향이 아주 익숙하다. 잃었던 입맛이 고마워하며 오늘 돌아왔다.

 돌나물김치 담그는 시기는 일주일을 채 기다리지 못한다. 봄볕 한나절에 노란 꽃을 줄기 끝에 매달기 때문에 시기를 놓치면 한해 봄김치를 놓치고 만다. 친구 문자 덕에 알맞게 김치를 담을 수 있어 오늘이 행운이다.

 우리 둘째가 돌이 되기 전, 교동에 장방 하나를 얻어 전세 살던 시절이다. 서울 사는 주인집 할머니가 집 건사가 궁금해 다니러 오셨다. 냉장고가 없던 시절이라 동부 시장에서 저녁때마다 장을 봐왔다.

 내가 사서 온 푸성귀 바구니를 받아 주시며, 아이구~ 젊으니 입맛이 좋아 많이도 샀네, 칠십을 살짝 넘기니 도통 맛있는 음식이 없다우. 꽃 새댁 때 시집살이 시절 한여름 절은 고등어 한 손이 그렇게 반갑고 귀하든지 지금 생각하면 꿈 같아요.

쌀뜨물에 푹 담가 소금기를 우려내고 호박잎으로 고등어 등을 쓱쓱 문질러 세 토막으로 잘라 놓았지. 냄비 바닥에 되호박 반개 썰어 깔고, 고등어 한 손 얹어 고춧가루 술술 뿌리고, 풋고추 듬성듬성 썰어 넣고 연탄불에 지져내면 그 비릿한 생선 냄새가 왜 그리 입맛을 다시게 하던지.

가운데 토막은 어른들 상에 올리고 꽁지와 대가리와 호박나물로 만동서와 둘이 감자밥을 먹으면 어찌나 꿀맛인지, 고등어 꽁지가 입안에서 여기 감자밥 넘어 가는 것 봤수 하더란다.

할머니 말씀이 하도 재미있고 실감 나, 함께 박장대소한 일이 있었다. 지금 나이 드니 그때 할머니 하신 말씀이 진리로 여겨진다.

굴비 구워 흰쌀밥 위에 얹어 먹어도 저만큼 물러나 시치미 떼는 입맛은 절은 고등어에 입맛 다시던 옛날이 마냥 그리워진다.

봉평 시골에서 젊은 날 보내시며 바삐 사시던 친정어머니가 서울 큰오빠네로 이사 가신 후, 시시때때로 봉평의 곤드레나물밥 이야기하시고, 다래순 묵나물에 찐 감자 싸서 먹고 싶다고 하신 말이 이제야 이해되고 나도 먹어보고 싶어진다.

　아무리 좋은 음식이라도 나와의 인연이 더 소중하고 그립고 생각나는 건 나이 들면 하나하나 고개 끄덕이며 수긍하며 잊히지 않는 추억으로 남아있다.

　모내기 철에 먹었던 도라지무침이 생각나 풍물장에서 고르고 골라 국산 도라지를 샀다. 끓는 물에 살짝 데쳐 무쳤더니 예전 그 도라지나물 맛이 아니다.

　어렸을 때 먹은 도라지나물은 산도라지였다. 대가리 쪽이 굵고 꼬랑지가 가느다란 산도라지는 맛도 진하고 쌉싸래하며 뒷맛이 달큰했는데 지금은 그 맛을 찾을 길 없다. 내 입맛은 아직도 그 맛과 모양을 정확히 기억하고 있다.

　모내기 철이면 주문진에서 넘어온 꽁치로 반찬을 만들고 두부를 넙적넙적 크게 썰어 솥뚜껑을 뒤집어 놓고 들기름에 빨간 양념으로 지져도 먹었는데, 김장하고 남은 무로 무말랭이를 만들어서 말린 고춧잎을 다문다문 섞어 조물조물 무쳐 놓았지. 쇠미역(곰피)을 튀겨 설탕을 살짝 뿌려 바구니에 담아놓고 큰 가마솥에 흰 쌀밥을 짓고 강낭콩 삶아 술술 얹어 못밥을 먹은 기억이 난다. 밥을 다 푸고 나서 가마솥 누룽지를 칼로 네모반듯하게 줄을 그어놓고 솔갈비 한 줌 아궁이에 지펴놓으면 누룽지가 한 장씩 발딱발딱 일어셨지. 바구니 가득 누룽지 담아 놓으면 그보다 더 맛있는 간식은 어디에도 없었다.

  아, 추억의 모내기 철 못밥과 반찬들, 오늘은 그 추억으로 멀어졌던 입맛이 돌아오고 아침나절 담가 둔 돌나물김치에 저절로 웃음꽃이 피어난다.

  그리운 잊었던 옛날 그 입맛이다.

일흔 즈음에

 양손을 깍지 껴서 머리 위로 올리고 힘을 주니 팔꿈치에서 오도독 세월 꺾기는 소리가 난다. 매우 놀랄 일도 아닌데 깜짝 놀라 멋쩍게 팔을 내리며 후유~ 바람 빠지는 소리가 입에서 난다.
 몇 년 전부터 귀밑머리에 새치가 보이기 시작하더니 재작년 겨울을 보내고 나니 흰머리가 정수리에 수북하다.
 눈이 별로 좋지 않아 애초부터 염색은 꿈도 안 꿨다. 머리가 세면 센 대로 살 수밖에 없지, 늘 궁리하고 살아서 답은 정해져 있었다. 그런데 흰머리가 자꾸 면적을 넓혀가니 머리 감고 거울 보는 걸 조금씩 피하고 싶다. 입고 있던 스웨터에 검은 머리카락이 붙었을 땐 아무렇지 않게 툭툭 털어내는데 요즘은 가끔 흰 머리카락이 옷에 붙어 있으면 나는 엄지와 검지에 힘을 주어 떼어내 눈으로 한번 슬쩍 보고, '이게 내 머리카락이네!' 손가락으로 빙글빙글 돌려서 자세히 본다.

거기에 내 세월이 보여서 가슴이 조금 뭉클하다.

아침나절 장사익 씨 노래를 듣다 울었다.

"어머니 꽃구경 가요." 늙으신 어머니 등에 업고 꽃길로, 숲길로, 산길로 들어선다. "에구머니나!" 그제야 어머니가 눈치채고 혼자 돌아갈 아들이 행여 길 잃어버릴세라 솔잎을 한 줌씩 따서 길에 뿌려놓는다.

"어머니 솔잎은 왜 뿌리신데유?"

눈이 빨갛게 되도록 울었다. 노래가 슬프고, 늙음이 서러워 눈물이 났고, 어머니의 끝없는 사랑이 애달파서 한참을 더 울었다.

코로나에 갇혀 허우적대다 보니 여름의 끝이 보인다.

길섶 어디선가 두런거리는 소리, 여름이 떠날 채비를 한다.

비 갠 저녁나절 스무숲 공원에 고추잠자리 많이 날아다닌다.

습기 찬 한 여름을 보내고 매미 소리가 잦아들더니 잠자리 벌써 나는구나. 한 계절이 힘겹게 고개를 넘고 나면 왠지 모를 두려움이 생긴다. 아직 뒷꼭지도 명료하게 드러내지 않은 가을에 조금 마음을 열어본다. 근심 없이 살고 싶어서 들고 다니는 가방에 가득 담긴 근심을 조금씩 덜어낸다. 나는 아직 여름의 근심을 버리지 못해 가방이 무겁다. 이렇게 늘 구시렁대며 근심을 붙잡고 사는 나를 남편은 걱정꾸러기라고 대놓고 핀잔준다.

조금은 억울하지만 안 해도 될 걱정을, 그것도 미리 하는 걱정이 많은 나는 조금 수긍도 한다. 어설픈 노년의 길목에서 뒤를 돌아보니 내가 버리고 온 발자국에 미련이 아직 마르지 않았다. 지금까지 산 것처럼 내일도 모래도 살면 되지, 조금 야무지게 입꼬리를 올려보고 손아귀에 힘도 주어본다.

저물 때 빛나는 노을처럼 아름답게 나이 들고 싶다고, 갱년기를 보내면서 그 생각을 많이 했다.

그런데 한 해 두 해 나이 들어보니 아름답게 늙는 것이 불가능하다는 걸 깨달았다. 검고 윤기 나던 머리는 반백으로 흰색을 듬성듬성 섞었고, 윤기 대신 까슬까슬해서 머리빗이 곱게 내려가지 않고 빗질이 중간에 꼭 걸리고 만다. 살결이 그리 검지 않아 젊었을 땐 굳이 얼굴에 분을 안 발라도 누구도 낌새를 못 채고 살았던 시절이 있었는데, 지금은 햇빛이 밀가루처럼 하얗게 마당에 쏟아지는 날이면 내 얼굴은 더 가무족족해 보인다.

 나이는 피부가 먼저 먹고 나서, 팔다리 힘 빠지는 게 너무 적나라한 순서다. 한참을 못 본 친구 얼굴에 세월이 장난질 쳐 눈꼬리가 처지고 걷는 뒤태가 올곧지 않음을 종종 느낀다.

 상대적으로 그도 나를 그렇게 느낄 것이란 감이 그리 어렵지 않다.

 어렸을 적 우리 사 남매 자랄 때 막내인 나를 무조건으로 오냐오냐해준 아버지의 백을 믿고, 바로 위 오빠를 이겨 먹다 어머니께 호되게 경을 친 일이 종종 있었다.

 저 소갈머리 커서도 부리면 어찌할꼬! 혼잣말로 속상해하시던 어머니 말씀이 가끔 지금도 생각나는데, 봄부터 여름까지 코로나에 갇혀 남편과 둘만 지내다 보니, 그 못된 소갈머리 남편에게 부리다 혼 좀 났다. 한 번씩 혼나고 나면 내 편 들어줄 아버지도 안 계시고, 입 빼물고 시위 좀 하다 풀이 죽어버린다. "저녁 반찬 뭐 해 먹을까요?" 슬그머니 제풀에 내 쪽에서 백기 들고 만다. 늙으면 애 된다더니 이젠 유치하기조차 하다.

 이른 봄부터 한여름 삼복더위까지 코로나에 온통 캄캄한

나날이더니 연이어 여름 장마 한 번 오지게 길다.

젖은 빨래 말려야 하는 햇볕을, 예전 장마는 빌미를 조금씩 줬었는데 오십일이 넘는 올 장마는 염치가 없고 인정머리도 아예 없다.

하늘도 욕 좀 먹었다.

오늘은 여름 더위가 물러가는 처서다.

오랜만에 하늘은 얼굴이 맑다. 흰 구름도 둥실 떠 있다.

꿉꿉한 수건을 모아 들통에 비누 풀어 푹푹 삶아 햇볕에 빨랫줄 가득 널었더니 축축하게 젖어있던 마음이 수건보다 먼저 보송보송 말라온다.

거실과 이방 저방 눅눅하던 습기가 오늘 처서 절기에 깜짝 놀랐는지 슬금슬금 창문 쪽으로 빠르게 빠져나간다. 처서 절기엔 벼꽃이 끝까지 잘 피여야 풍년이라 했는데, 아직 논두렁 가까이 나가보질 못했으니, 저녁나절 서면 쪽으로 나가볼까, 생각 중이다. 요즘 집돌이가 되어 신발 제대로 신고 나들이 나간 게 꿈같다.

문득 가을 앞에 내가 우두커니 서 있다.

바가지와 보리밥

 농협하나로마트에 겹살림을 차린 로컬푸드가 우리 동네에 두 군데나 있다. 아침에 뚝딱 따온 애호박과 풋고추, 가지가 꼭지에 물기가 아직 맺혀 있어 그 싱싱함이 참 마음에 든다. 그 옆에는 고구마 줄기가 껍질을 벗긴 채 기다리고 호박잎도 싱싱하다.
 나는 장을 보러 3일에 한 번씩 그곳에 간다. 오늘은 채소만 여섯 가지 챙겨 돌아오니 저녁 반찬이 푸짐할 것 같다.
 그런데 말입니다. 그 싱싱하고 먹음직스러운 채소들이 다 스티로폼 받침에 고이 누워있거나, 비닐랩으로 꽁꽁 싸매져 있다. 채소를 달랑 꺼내고 나면 깨끗한 스티로폼 상자가 수두룩하다. 어느 날부터 나는 그 빈 상자를 모으기 시작했다. 다음 매장에 갈 때 챙겨간다. 한번 쓰고 버리기엔 아깝기도 하지만 그 쓰레기는 수십 년이 지나도 녹지 않는 환경 쓰레기로 남기 때문에 참 안타깝다. 그렇게라도 한 번 더 사용하면 어떨까 싶다. 하지만 매장 담당자는 늘 반가운 표정이 아니고 애매한 표정으로 내가 가지고 간 스티로폼을 받는다.

  올여름 유난히 잦은 극한 폭염, 극한 폭우는 사람들이 저지른 환경 파괴와도 연관이 있다고 하니 쉽게 포장했다가 버려지는 스티로폼이나 플라스틱 작은 그릇들이 자꾸 마음에 걸린다.

  세계자연기금(WWF) 연구 보고서에 따르면 한사람이 일주일 동안 섭취하는 미세 플라스틱양은 5g에 달한다고 한다. 미세 플라스틱은 암 유발도 가져오고 임산부가 섭취하면 태반을 거쳐 태아에게도 도달할 수 있다는 뉴스를 보고 정말 놀라고 안타까웠다.

  올여름 당장 극한 폭염, 극한 폭우로 생명을 잃고 재산을 잃고 온 나라가 들썩였다. 극한이라는 표현을 가장 많이 쓴 올여름 기후변화를 피부로 절절히 느꼈다.

  극한이라는 말을 사전에서 찾아보니 궁주의 한계, 맨 끝으로 나와 있다. 더 이상 어찌 할 수 없는 다다른 상황을 뉴스 시간마다 접하고 보니 얼마나 심각한지 인지가 된다.

  작은 실천부터 미루지 말아야지 다짐하게 됐다.

얼마 전에는 비 오는 날 아침 신문이 젖을까 봐 비닐에 넣어 배달될 때 그 배려심에 고마워했는데 요즘은 해가 쨍쨍한 맑은 날도 신문이 비닐 커버를 쓰고 대문 앞에 놓여있다. 이건 무슨 배려심일까. 비닐의 오남용이 정말 심각하다. 항의해도 대답이 없다. 우리나라 작은 땅이 비닐 천국이 되는 건 아닌지 신문을 펼칠 때마다 마음이 무겁다.

내가 어렸을 때는 손톱에 봉숭아 꽃물을 들일 때 피마자 잎으로 꽁꽁 싸매고 꽃물이 들 때까지 기다렸다. 산딸기나 오이를 따서 올 때도 호박잎에 싸서 나누어 먹었다. 호랑이 담배 피우던 시절 이야기지만 그때는 지금같이 심각한 환경오염은 생각지도 않았었다.

그 시절 우리 집 부엌에는 크기와 모양이 여러 가지인 바가지가 많이 있었다. 목마를 때 물을 떠서 마시던 조롱박부터 쌀을 씻을 때는 큰 쌀바가지 상추와 아욱을 씻어 담는 아담한 바가지, 곡물을 계량하는 한 되짜리 바가지 두 되짜리 바가지도 필수품처럼 부엌살림의 일부였다.

집마다 호박구덩이 만들어 호박씨 뿌리듯 고지박 씨앗 뿌리는 장소도 여러 군데 지정되어 있었다.

우리 집은 소 외양간 지붕에 박 줄기를 올리고, 돼지우리 작은 지붕에도 고지박이 주렁주렁 열린다. 한여름 해가 뉘

엿해지면 하얀 저고리 입은 박꽃들이 여기저기 꽃잎을 열고 시골 저녁에 고운 친구로 동무하며 피어난다.

다음날 꽃이 진 꽃자리에 조그만 박이 오밀조밀 맺혀 하루이틀, 일주일 지나면 아기 주먹만큼 자라고, 한 달이 가까워져 오면 아기 머리통만큼 쑥쑥 자란다. 박이 모양이 잘 잡히도록 짚으로 똬리를 만들어 박 머리에 받쳐주어 고정해 주는 것도 잊지 않는다. 서리 내릴 때가 가까워져 오면 어머니는 고지박을 모조리 따서 부엌 한구석에 쌓아 놓으신다. 손으로 하나하나 통통 두드려보고 잘 여물고 인물도 요리조리 보아가며 골라 놓으신다.

어머니는 톱날이 촘촘한 가는 톱으로 섬세하게 박 가운데를 정확히 정 조준하여 살근살근 톱질하신다.

흥부네는 금은보화를 얻었지만, 우리집은 쓰임새가 적당하고 인물이 반듯한 바가지를 얻기 위해 한나절 톱질을 하신다.

소여물 끓이는 가마솥에 바가지를 같이 넣어 푹 삶아낸 박을 건져 숟가락으로 껍질을 깨끗하게 벗겨 물에 씻어 음지에서 말린다. 하루가 온전한 바가지가 어머니의 부엌으로 모양대로 크기대로 가지런히 자리를 잡는다.

첫 바가지에는 그날 저녁 지을 보리쌀이 애벌 삶아 물기

머금은 채로 담긴다. 한 시간 뒤 보리쌀이 알맞게 퍼지고 바가지는 물을 머금어 첫 소임을 다한다. 그렇게 보리밥과 바가지는 궁합이 착착 맞아 우리 식구들 저녁상에 맛있는 보리밥이 차려진다. 지금도 그리운 그 시절 사연이다.

5부

엄마를 기억해

아버지의 초혼招魂 소리

올봄에도 나는 고향집 담장 밖을 서성거렸다.

한식 성묫길에 해마다 들러보는 발길이다, 오늘은 용기를 내어 대문 안으로 성큼 들어섰다. 인기척이 없다. 댓돌 위에 뒷굽이 해진 겨울 털신 한 켤레가 보인다. 방문은 닫힌 채 조용하기만 하다.

몇 년 전 내가 들렀을 때 툇마루에서 강낭콩을 까시던 할머니가 여든을 넘기시고 치매가 찾아와 노루목재 밑 유포리 어디쯤의 요양원으로 가셨다는 풍문은 얼핏 들었었다.

마당 안은 여전히 아무런 기척이 없다.

할머니의 큰아들이 서울에서 혼자 돌아와 할머니의 병시중과 농토를 거둔다는 소식을 들은 지도 한참 된 것 같다.

마당을 한 바퀴 돌고 우물이 있던 뒤란으로 돌아 나와도 집안은 감감소식이다.

남의 집에 통기도 없이 불쑥 들어선 쭈뼛거림이 그제야

들어 빠른 걸음으로 대문을 나서며 왜 이렇게 서운한지 금세 울어 버릴 것 같다.

신작로 옆길에 세워둔 자동차로 돌아와 앉으니 참았던 서러움에 목이 싸하게 아파져 오며 뜨거운 눈물이 솟는다.

한참을 진정하고 다시 눈길을 돌려 지나간 세월만큼 수수하게 늙어버린 파란 기와집을 찬찬히 바라본다.

내가 태어나 자라고, 손톱에 봉숭아 꽃물들이던 여남은 살의 내가 행복했던 곳, 달맞이꽃을 보며 가슴 두근거리는 사춘기를 보낸 곳, 내가 짝을 만나 떠나올 때 담장 안의 앵두나무 두 그루엔 앵두가 빨갛게 익어 소담스럽던 우리집이다.

아버지 돌아가시고 혼자 계시던 어머니가 서울 큰오빠네로 떠나신 그곳은, 더 이상 내가 불쑥 찾아 들어갈 수 없는 남의 집이 되어버렸다.

오늘처럼 대문 밖에서 서성거려야 하는 내 것이었던 낯익은 모든 것의 서먹함, 아쉬움, 억울함 같은 감정은 시간이 아무리 흘러도 변하지 않는다.

고개를 돌려 퇴비장이 있던 대문 밖 골목길로 눈길을 주니 멀리 서낭당이 있던 언덕 위에 아름드리 피나무 두 그루가 낯이 익다.

해마다 오월 단오 그네가 매어지던 그 나무는 용케도 제 모습 그대로 온전하게 남아있어 반갑다.

유년 시절 또래보다 조금 작았던 나는 내가 타기엔 많이 버거웠던 그넷줄에 매달려 짧은 팔다리를 오므렸다 폈다 하며 얼굴이 빨갛게 되도록 용을 써도 제대로 그넷줄이 나가질 못해 뒤에 기다리던 키 큰 친구에게 그넷줄을 넘겨주고 돌아선 서운했던 기억이 선명하다.

고개를 푹 숙이고 구절초 지천이던 산길을 내려오다 돌부리에 걸려 발싹 넘어졌다. 무릎이 까져 피 흐르던 순간 울까? 말까? 아니야, 창피한 생각에 벌떡 일어나다, 눈앞에 주황색 산나리꽃의 황홀한 아름다움에 무릎의 아픔이 싹 날아가 버렸었지.

저만치 우리 집 대문이 보이면, 어느새 멀쩡해진 무릎이 또 서러워 다리를 다시 절뚝거리며 엄마에게 일러바칠 궁리로 아픔을 엄청나게 과장해서 엄살을 부린 기억이 난다. 나의 내숭을 멀쩡히 아시면서도 엄마는 "아이고 저런, 쯧쯧" 옥도정기 빨간약을 무릎에 넓게 발라주시며 내 응석을 다 받아 주셨었다.

어머니, 가만히 속으로 불러본다.

우리 아버지는 목소리가 크셨다. 대문 밖에서 하시는 말

소리를 뒤란에서 우물물을 긷다가도 아버지가 돌아오셨음을 금세 알 수 있었다.

아버지는 벼를 찧어 쌀을 만드는 물레방앗간을 오래 하셨다. 우리 사 남매는 아버지의 목소리가 큰 것은 방앗간의 시끄러운 기계 소리 때문임을 한참 후에야 알았다.

아버지 돌아가신 후에도 우리가 아버지 이야기를 할 때면 서로서로 목소리를 크게 내기 시작했다. 그래야 우리가 아버지 자식들임을 증명이라도 하듯이 늘 그랬다.

부지런하시고 목소리가 쩌렁쩌렁하신 아버지를 우린 그렇게 오래 기억 속에 간직하고 있었다.

봉평 판관터 파란 기와집의 기억은 참으로 많다.

고향집의 냄새와 소리는 이 나이 되도록 정말 잊을 수가 없다.

부엌에서 나던 어머니의 도마소리, 우물물에 풍덩 두레박 떨어뜨려 첨벙첨벙 물 길어 올리는 소리, 사박사박 싸리비로 마당 쓰는 소리, 비 오는 날 댓돌에 떨어지던 낙숫물 소리도 정겨웠다.

소복소복 겨울밤 함박눈 내리는 소리와 광목 이불 홑청 풀 빳빳이 먹여 엄마와 언니가 마주 앉아 장단 맞추어, 또

다닥또다닥 다듬이질하던 그리운 소리도 있었지.

　땅거미 질 때 대문 밖 인기척에 컹컹 짖어대던 검둥이 소리, 큰 사랑방에서 나던 아버지의 담뱃대 두드리는 소리와, 늦은 밤 달그락달그락 왕골자리 매시던 아버지 고드랫돌 넘기는 소리는 언제나 그립다.

　골목길에서 공기놀이에 정신이 팔린 나에게 "밥 먹어라." 부르시던 어머니의 다정한 목소리, 그 숱한 그리운 소리 중에 한 가지 가슴에 화인火印처럼 남아있는 아버지 돌아가시던 날 초혼 부르던 아픈 소리가 숨어있다.

　택호가 새말댁이던 아버지 사촌 동생이신 새말댁 아저씨의 그 목소리는 지금도 가슴이 저리도록 슬프다.

　음력 사월 열나흘 늦은 밤 아버지는 우리 곁을 떠나셨다.

　아버지 계시던 큰 사랑채 앞에 키 큰 사다리를 비스듬히 세워놓고 아저씨는 아버지의 하얀 속적삼을 왼손에 들고 사다리를 한 칸 한 칸 오르셨다. 사다리 꼭대기에서 하늘을 향해

　"판관터 형님, 복復 복 복"

　세 번을 부르시고 흰 적삼을 들어 하늘을 향해 몇 번인가 흔드셨다.

　하늘과 가장 가까운 지붕 위에서 아버지의 혼을 애달프

게 돌아오라 부르시다 내려오신 아저씨의 얼굴은 눈물에 젖어 있었다.

나는 큰사랑 댓돌 위에서 그 장면을 울면서 보고 있었다.

하늘엔 열나흘 푸른 달빛이 우리 집을 비추고 있었고, 왜 그 달빛이 유난히 푸르다고 느꼈는지 나는 지금도 그 이유를 모르겠다.

그저 슬픔과 너무 닮아 있다는 것 외엔 아무것도 짐작되지 않는 내 열다섯 살은 너무 어린 나이였다.

엄마를 기억해

　겨울 냉이에서 엄마 냄새가 난다.
　연한 흙냄새와 구수한 숭늉 냄새가 살짝 보태어진 냄새가 바람결에 언뜻언뜻 내 코끝을 스친다. 엄마가 우리 곁을 떠나신 지 삼십 년이 훌쩍 지났는데도 가끔 나는 엄마 냄새를 맡는다. 화로 숯불에 얹어 구워지는 고등어 토막에도 엄마 냄새가 있고 배춧국에 한 움큼 넣어 끓인 냉이에서도 엄마 냄새가 난다. 순두붓집에서 얻어 온 비지 한 주먹을 김장김치와 함께 끓인 비지장 속에서도 엄마의 구수한 냄새를 만난다.
　엄마는 언제나 광목 앞치마를 두른 모습으로 거기 계실 거라고 생각했었다. 앞치마 자락 붙잡고 사는 막내인 나를 떠나실 거라곤 꿈에도 생각 못 했는데 어느새 그 손을 놓친 지 수십 년이 흘렀다. 바람 끝에서 엄마 냄새를 알아보는 오늘 같은 날은 목이 멘다.

"막내야, 배고프면 얼른 집으로 오너라." 엄마의 따스한 목소리가 그리워 시도 때도 없이 문 두드리면 항상 거기 계셨고, 안 보이면 꿈에서도 엄마를 찾아 헤매는 날이 내가 엄마가 되고도 오랫동안 계속되었는데….

 직장에서 만난 남편을 처음 엄마 앞에 선보이던 날, 엄마는 어떤 사람일까? 궁금하고 걱정스러워 여러 날 깊은 잠을 못 잤었다고 말씀하셨다.

 엄마 앞에 성큼 다가온 청년이 아, 귀가 잘생겼구나, 코도 반듯하고 귀가 복스러우니 내 딸 평생을 맡겨도 되겠구나! 안심하며 가슴을 쓸어내렸다고 훗날 말씀하시며 웃으셨지.

 내가 첫아이를 낳자, 엄마는 환갑이 훌쩍 지나신 연세이면서도 기꺼이 외손자를 키워 주셨고 저녁때 퇴근하는 나를 대문 앞에서 기다려 주셨다.

 엄마 정말 고맙고 죄송했어요.

 얼마 전 엄마와 함께 살았던 고향엘 다녀왔다. 그곳에서 난 어김없이 엄마를 만났다. 엄마 이야기를 수도 없이 들으며 사람은 사라져도 그 향기는 오래도록 남아있구나, 깊이 실감했다. 온 동네 이곳저곳을 찾아다니며 엄마의 숨결을 헤이다 돌아왔다.

예전에 그곳은 감자떡을 빚어도, 호박죽을 쑤어도 앞뒷집 나누어 먹었다. 옆집에서 가져온 떡 접시는 엄마가 꼭 먼저 한쪽 떼어 드시고 난 후라야 우리 차지가 되었다. 집에서 감자부침을 부쳐도 첫 소뎅이는 엄마가 먼저 드시고 우리에게 부쳐 주셨다.

어렸을 때는 그 일이 엄마의 특권으로 생각했는데 이제 나이 드니 그것은 기미 상궁의 예였음을 알게 되었다. 혹시 변했을까, 탈 날까? 먼저 맛을 보시고 우리에게 주신 것을 그때는 까맣게 몰랐다.

엄마가 안 계실 때 이웃집에서 음식이 오면 엄마가 빨리 오시기를 기다리며 손가락으로 떡 접시를 꾹꾹 눌러도 보고 침을 꼴깍꼴깍 다시기도 했었지.

내가 엄마 되고 나서야 깨달아졌다. 두 가지 큰 가르침이 있었음을, 어른 공경의 의미와 기미상궁 보살핌의 깊은 뜻을 늦게야 헤아렸다.

엄마의 일 년은 언제나 바쁘고 분주했다.

일 년 농사 다 끝내고 메주까지 쒀서 건넌방 시렁에 매달아 놓고 나면, 엄마는 고사 지낼 준비를 하셨다. 한의원을 하시는 진경 할아버지 댁에서 손 없는 날로 고삿날을 받아

오시고 대문에 외로 꼰 새끼줄에 흰 창호지를 잘라 끼운 금줄을 먼저 건다.

고삿날 받았습니다.

부정한 사람은 오지 마세요, 금줄이 사람들의 통행을 막아주었다. 우리집 뒤에 있는 디딜방앗간에서 떡가루를 찧어 오시고 안방 부엌에 큰 시루 두 개를 얹어 팥시루떡과 흰 백설기를 찌셨다.

잘 쪄진 떡시루 두 개를 안방 윗목에 진설하고 엄마는 한 해 무탈함을 감사하는 창호지 소지를 두 손으로 올리시던 기억이 새롭다.

판관터 우리집 앞 뒷집, 건넛집 여남은 집에 고사떡을 돌렸다. 그 심부름은 온통 내 차지였다.

명주 치마 나풀나풀 거리며 떡 접시를 바구니에 담아 들고 신나게 이집 저집 다녔다. 제일 기억나는 집은 모산댁이었지.

우리 집 뒤쪽으로 배추밭을 지나고 장마철이면 안골에서 내려온 폭포수 같은 물줄기에 내 고무신을 떠내려 보내고 울었던 도랑을 지나야 한다.

폭이 좁은 밭둑길을 뒤뚱뒤뚱 지나고 작은 바가지 우물을 지나면 대추나무가 세 그루 마당에 서 있는 그 댁은 머리가 하얗게 세신 할머니가 계셨다.

내가 고사떡 그릇을 들고 마당에 들어서면 툇마루 끝에서 해바라기하시던 마른 대추처럼 주름이 가득한 할머니는 "재집 막내 왔구나! 어서 오너라." 하시며 내 손을 꼭 잡아주신다.

대추 몇 알 알밤 서너 개 내 주머니에 넣어주시며 연신 함박웃음을 웃으셨지. 오래전 내가 시집온 다음 해인가 돌아가셨다는 말을 전해 들었지만 잊히진 않는다.

엄마 그림자만 따라 뱅글뱅글 돌던 집 주위에 낯익은 얼굴과 찬찬히 보살피던 피붙이 같은 이웃 정이, 엄마 생각만 하면 함께 그리워진다. 앵두가 익거나 살구가 익어도 바가지에 담아 담 너머로 넘기던 수수한 정이 살아있는 곳, 따뜻했던 이웃 정이 지금도 나를 행복하게 해주는 그곳이다.

엄마, 당신의 끝없는 사랑으로 언제나 나의 마음속은 부자가 됩니다.

그리고 오래오래 엄마를 기억합니다.

묵은지에 두부를 싸서 먹다

처음 우리 동네 두붓집을 만난 것은 아주 우연이었다.

문화원 뒷골목 끝에 낯선 가게를 발견한 건 코로나19로 집콕이 길어지던 어느 날 오후 간식으로 먹을 메밀 부치기를 사러 나선 길이다.

'한담 두부' 못 보던 간판이 보이는데 새로 생긴 두붓집이란다. 수증기가 뽀얗게 서린 유리문을 밀고 들어서니 오십 대 초반의 젊은 부부가 반색한다. 우리 콩에다 동해 심층수 간수로 만든 두부라며 수줍게 웃는다.

두부 두 모를 사서 돌아왔다. 두붓집 부부의 편안한 미소와 닮은 두부는 매우 고소하고 부드러웠다. 나는 그날부터 그 두붓집 단골이 되었고, 일주일에 두 번 두부를 사러 갔다.

지난겨울 "눈이 많이 내린 날은 미끄러우니 나오지 마세요. 제가 배달해 드릴게요." 그래서 앉아서 두부를 고맙게 받아먹었다.

두부 맛도 변함없이 처음 그대로다. 겨울에는 띄운 비지도 팔았다. 알맞게 띄운 비지는 김장김치와 무 조각을 넣고 끓이면 어렸을 적 먹던 고향집 맛이 신통하게 그대로였다. 비지장 냄비에 김장김치무가 알맞게 맛이 배면, 바로 위 오빠와 더 큰 걸 먹겠다고 젓가락으로 냄비 속에서 티격태격 싸움질한 생각이 떠오른다.

　무 한 토막이면 밥 한 공기가 뚝딱하던 그 시절이 그립다.

　친구 아들이 1월에 미국으로 이민을 떠났다. 떠나기 전 일주일을 엄마와 함께 시내면서 먹고 싶은 엄마 음식 리스트 중에 비지장이 있더란다. 내 얘기를 듣고 두붓집에서 사다 끓여주었더니 콧등에 땀을 송골송골 흘리며 아주 맛있게 먹더라고 친구가 전했다. 만천리 사는 친정 언니 큰아들이 비지장을 좋아한다기에 방금 나온 따뜻한 두부 두 모와 띄운 비지 다섯 개를 사서 보냈다.

　"이모 비지장에 김장김치를 넣어 아주 맛있게 끓여 먹었어요." 하얀 이를 드러내며 웃는다. 비지 정도는 언제라도 사서 보낼 수 있으니 먹고 싶을 때 전화해. 내 마음이 두부처럼 몽글몽글해진다.

　띄운 비지가 의외로 인기가 좋아 친구들 모임을 할 때 한 보따리 사 가서 돌리면 다들 박수치며 반긴다. 맛도 맛이지만 향수 섞인 비지장이 주는 시골 태생들의 공통적인 추억이 있어서 모두 즐거워하는 것 같다.

오늘 한담 두붓집에서 마지막 두부를 사서 돌아왔다.

네 모나 샀다. 처음에는 부부가 함께 두부를 만들어 팔았는데 남편이 전라도 어디로 취직이 되어 먼저 떠났었다.

아내가 혼자 두부를 여섯 달쯤 만들다 힘도 들고 아이들이 아빠를 많이 보고 싶어 해서 두붓집을 접고 따라가기로 했다고 한다.

그동안 저희 두부를 맛있게 드셔서 정말 고마웠다고 두 번, 세 번, 고개 숙여 인사한다. 공연히 내 콧마루도 시큰거리고 서운한 생각에 마음 한쪽이 짠해 왔다.

두부 봉지에 띄운 비지를 서너 개 넣어주며 내 손을 꼭 잡는다. 두부 맛도 좋지만 참 성실해서 보기 좋았고 정도 들었는데, 2년의 세월과 두부 맛을 오늘 그렇게 이별하고 돌아왔다.

이제 내 나이 칠십을 넘기고 나니 병원 가는 일이 자주 생긴다. 의사 선생님은 "항상 식사를 잘하셔야 합니다." "무릎 아픈 것도, 감기 자주 걸리는 것도, 입맛 없어지는 것도, 모두 고른 영양 섭취가 제일 중요합니다." 매번 듣는 선생님 잔소리다. 돼지고기, 소고기를 썩 내켜 하지 않는 내 식성을 아시는 선생님은 두부라도 꼭 먹으라고 당부하신다. 단백질 섭취가 노년 건강의 핵심이라고 하신다. 다행히 두부나 콩밥은 좋아하기 때문에 올가을에도 깜장 서리태를 광판리에 부탁해 겨우내 콩밥을 짓는다.

사농동에 맛있는 두붓집을 문우 한 분이 또 알려 주었다.

마당이 넓은 식당엔 두부 요리가 다양하다. 겨울엔 청국장도 팔고, 띄운 비지도 함께 판다. 소양2교를 건너 마을 길로 한참 들어가야 나오는 집이라 퇴계동 우리 집에서 가기에는 거리가 좀 멀다. 가끔 띄운 비지와 청국장을 여러 개 사온다.

조금 꼬리꼬리한 냄새가 다음날까지 집안에 남아 있지만 워낙 우리 부부는 그 맛을 즐기다 보니 냄새쯤은 환기 한번 하면 되지 무슨 대수, 마주 보며 웃는다.

청국장, 비지장, 모두부를 묵은지에 올려 맛있게 먹고 나면 반짝 건강해진 느낌에 자주 즐겨 먹는다.

사농동 두붓집의 모두부는 두부 만들고 나면 함지박에 가득한 촛물을 두부가 잠기도록 담아서 준다.

예전 우리 집에도 두부 촛물에 모두부를 잘라 담가놓고 먹은 기억이 난다. 두부를 다 먹고 나면 그 두붓물은 비지와 함께 소여물 끓이는 가마솥에 넣어 소가 먹을 수 있어서 참 알뜰하다고 생각했다.

  소도 그날은 영양식을 먹는 날이다. 소구유에 콩깍지 여물을 함지박에 가득 담아 부어주며 어머니도 많이 흐뭇해 하시며 큰 눈 껌벅이는 어미소 콧잔등을 쓸어 주시곤 하셨는데….

  두부와 묵은 김장김치, 비지장, 청국장은 우리 가족이 가장 좋아하는 겨울 반찬이다.

  아직 창밖에는 겨울의 스산함이 남아있는 오늘 같은 날, 저녁 식탁에 올릴 두부를 사러 나는 주섬주섬 옷을 챙겨 입는다.

가을 다저녁때

　추석 연휴 마지막 날 거실 소파와 한 몸이 되어버린 며칠이 허리 통증으로 이어져 슬그머니 자리를 털고 일어섰다.
　살아가면서, 휴시이란 바삐 움직이다 조금 여유 시간에 몸도 마음도 푹 내려놓는 것이 휴식이지, 맨날 오늘은 무얼 할까, 할 일이 무엇이지, 문밖은 연일 공포로 이어지고 현관에 놓인 신발에 발을 넣는 순간 얼굴 삼분지 이는 가려야 하는 마스크의 존재, 마땅히 갈 곳이 없는 외출은 마음만 헛헛해지는 나날이다.
　시계를 보니 오후 세 시가 넘었다. 무작정 현관문을 밀고 나서 양구 가는 배후령 긴 터널을 지났다.
　하늘은 정말 맑다. 양구 초입의 질펀한 논배미는 더러는 추수 끝난 빈 들이고 아직 남은 노오란 벼이삭은 그림 같다.
　추석날 아침 우리집 밥상에도 양구 햅쌀로 지은 윤기 나는 밥을 먹었지.

양구 시내를 가로질러 강원외고 앞 꽃섬에 들렀다.

처음 와본 곳인데 메밀꽃도 피었고, 코스모스가 가을 하늘과 근사한 조화를 이루고 있었다. 여름에 무성했던 창포는 시들어가고 드문드문 놓인 나무 의자에 나처럼 시간을 보내기 위한 사람들이 반려견의 목줄을 잡고 가을볕 바라기를 하고 있다.

꽃섬은 의외로 넓었다. 강을 이리저리 이어놓은 긴 다리는 흐르는 강물이 일렁거려 마치 배를 타고 가듯 내가 같이 일렁인다.

강 쪽에 작은 인공수초가 드문드문 보인다, 가마우지의 쉼터다. 커다란 몸집을 수초에 의지해 가마우지는 오래오래 강물의 흐름을 보고 있었다.

물고기 한 마리 요행히 눈에 들어올지 기다리는 중이다. 그 강물은 여름의 진초록에서 이제는 남색으로 바람을 갈피에 끼워 흐른다.

한반도의 정중앙이란 양구에서 이리저리 시간은 어느새 흘러 서산마루에 저녁 해는 걸리고, 문득 갈 길을 잃어버린 어린아이 같은 외로움에 두 어깨가 오스스 떨린다.

여남은 살 적 들에 간 엄마는 돌아오지 않고 사립문 밖은 어느새 해가 지고 어두컴컴한 어둠이 무서워지던 순간, 울음도 안 나오던 그 슬픔이 아주 잊힌 줄 알았는데 내 뒷꼭지에 숨어있다 까꿍 하고 나를 흔들어준다.

조금 더 나이 들어 가을 다 저녁때 울고 싶던 기억이 또 있다.

손바닥보다 더 큰 플라타너스 낙엽이 길에 뒹굴던 늦가을 평창에서의 일이다. 늦은 퇴근길 발밑에서 바스락 낙엽이 부서지던 스산한 소리, 종일 막아놨던 연탄아궁이 때문에 희미한 방의 온기, 퇴근하고 방문을 열면 내 얼굴로 달려들던 그 차가움은 아직도 잊히지 않는다.

연탄아궁이 마개를 활짝 열고 석유풍로에 냄비밥을 올려놓고 방안의 냉기를 몰아내던 외로운 내 몸짓이 또 어딘가 숨어있네. 처음 집을 떠나 직장 생활을 할 때 모든 걸 혼자 해결해야 하는 일들이 어깨를 짓누르던 옛날이야기다.

따뜻한 등잔불이 켜져 있고, 어머니의 다정한 목소리가 있던 고향집이 생각나 목이 메 밥이 안 넘어가던 저녁, 뜸이 제대로 들지 않은 냄비밥을 입에 넣으며, 머리로는 어머니의 둥근 두리반상의 따뜻한 된장국을 먹고 있었지. 봄, 여름보다 가을 다저녁때가 정말 힘들었다.

그렇게 그렇게 세월이 흘러 내가 아이들의 두리반상이 되어, 먹이고 키우며 그때의 기억은 까마득히 잊고 살았다.

이제 가을 다저녁때 왜 예전의 그 암담함이 절절히 생각날까? 품 떠난 자식들은 제 둥지에서 제 몫을 하며 살고 있는데 머리 하얀 노년에 그때의 그 슬픔이 목구멍으로 차 올라온다.

나이 들면 외롭지 않을 줄 알았다. 풍성한 지나간 세월이 추억으로 남아있어 항상 푸근할 줄 알았다.

그런데 올해 들어 하루하루가 힘들다. 환절기 감기 앓듯 가을이 주는 어떤 두려움 같아 나의 작은 몸짓이 조금 애달프다.

그것도 가을 다저녁때 왠지 눈물이 날 것 같아, 아직 살아가야 할 시간이 남은 내가 왜 이 슬픔에 목이 멜까.

팔랑팔랑 계수나무 낙엽이 발밑에 툭툭 떨어진다.

나비 함지를 아시나요

친정 조카가 딸을 시집보낸다고 청첩장을 보내왔다.

내가 참석하기엔 내 나이가 너무 많고 집안 대소사에 참석하면 이젠 윗자리로 자리매김하다 보니 인사받기도 쑥스럽고 어쩔까? 망설이다 인터넷뱅킹으로 앉아서 부조금을 송금했다.

참 편한 세상이네! 홀가분하기는 한데 뒤쪽 한 끄트머리는 이게 아닌데, 잔칫날엔 얼굴 맞대고 '축하한다' 손이라도 잡아봐야 하는 게 아닌가 싶기도 하다. 그런데 세상이 변해 그런 걸 어쩌랴! 모든 게 편리하고 간편하게 진행되는 요즘인데 잠시 들었던 아쉬운 마음을 접어 버렸다. 여하튼 쉽게 해결은 했는데 진정성이 안 느껴지는 좀 가벼운 느낌, 뭔가 부족한 것 같은 생각에 한나절 앉았다 서기를 반복했다.

예전에 우리 집엔 나무 함지가 여러 개 광 시렁 위에 자리 잡고 있었다.

  어머니는 '귀함지' '나부(나비)함지' 그렇게 불렀다. 어머니 살림살이에 요긴하게 쓰이긴 하지만 저렇게 여러 개가 무슨 소용일까 싶기도 했다. 그런데 그게 아니었다. 가을 추수가 대충 끝나고 나면 큰댁, 당숙네, 외사촌네, 이웃집들 혼인 소식이 낭자하게 대문을 들어선다.

  큰댁엔 송편 한 말 빚어서 나부 함지에 소복이 담아 노오란 유지를 덮고 네 귀에 끈이 달린 광목 귀 보자기로 세 귀를 모아 쥐고 나머지 한쪽 끈으로 단정하게 마무리한다.

  정갈하게 포장한 떡 함지는 작은 머슴이 지고 어머니는 명주 치마꼬리를 왼손으로 잡고 잔치 보러 가신다. 열흘 뒤 당숙모네 잔치엔 증편을 가마솥에 서너 차례 쪄서 또 나부 함지에 가득 담으신다.

  증편 고명으로는 꼭두서니 맨드라미를 다문다문 꽃처럼 얹고 돌미나리로 나뭇잎처럼 파랗게 수놓고 석이버섯 곱게 채 썰어 골고루 올리고 대추채와 실백 한 알씩 꼭꼭 박아 증편이 화려하게 꽃장식을 마친다.

  한 말 떡이 넉넉히 담긴 나부 함지는 또 당숙네로 출동한다. 어머니는 잔치 기별만 당도하면 송편도 빚고 개피떡도 예쁘게 만들고, 증편에 쓰일 고명도 미리미리 준비하신다.

절골 집 할머니 환갑잔치에는 감주(식혜) 부조가 어머니 담당이다. 지금은 전기밥솥에 알맞은 온도로 식혜 밥을 삭히지만, 예전엔 항아리에 식혜를 안친다. 안방 아랫목에 큰 항아리가 들어와 앉고 체에 걸러낸 엿기름물은 따뜻하게 데워 항아리에 붓고 고두밥을 한 솥 해서 항아리에 함께 담아 놓는다. 두꺼운 이불로 항아리를 꼼꼼히 싸고 한 시간에 한 번씩 장 담글 때 쓰는 긴 나무 주걱으로 휘휘 밥과 엿기름물을 섞어준다.

여섯 시간쯤 그 일을 반복해야 밥알이 한두 알씩 동동 떠오르면 자주자주 저어주며 밥알이 뼈가 없이 삭을 때까지 기다린다. 드디어 흰 밥알이 항아리 위에 동 동 동 떠오르면 큰솥에 옮겨 한소끔 끓여서 감주를 완성한다.

설탕으로 단맛을 보충해 가며 간을 맞추면 노오란 감주는 말갛게 빛깔이 고와진다. 잘 삭힌 감주는 동그란 물동이에 담기고 어머니는 또아리(똬리) 위에 감주 동이를 조심스레 이고 환갑 잔칫집으로 떠나신다.

나도 고무신 잘잘 끌고 흥흥흥 콧노래 부르며 어머니 치마끈을 잡고 둔덕 집 고개를 넘는다. 잔칫집 음식 부조가 서로서로 도움을 주고 정을 나누던 그 시절 우리들의 이야기다.

초상이 났을 때는 팥죽 부조를 한다.

큰 무쇠솥에 적두 팥을 푹 삶아 체에 껍질을 걸러내고 불려 놓은 쌀을 팥물에 넣어 나무 주걱으로 오래오래 저으며 죽을 만들어 낸다. 초상집 팥죽에는 새알심을 넣지 않는다. 철없는 여덟 살 상주가 팥죽에 옹심이가 없다고 투정을 부리더라고 팥죽 이고 간 어머니가 눈물 닦으시며 그 이야기 하실 때 나도 슬퍼서 눈물이 주르르 흘렀다.

지금은 상을 당하면 장례식장에서 육개장을 먹지만 내 어렸을 적 초상집에서는 옹심이 없는 팥죽을 먹었다.

우리가 이웃을 이루고 친척 집을 드나들며 살고 있는 것은 서로서로 대소사에 얼굴 부조, 돈 부조, 음식 부조, 서로 도우며 사는 아름다운 풍습을 갖고 사는 게 얼마나 고맙고 마음 든든한 일인지 새삼 따뜻한 마음이 든다.

이제는 많이 간소화되고 더러는 모른 척 살아가지만, 근본은 그대로 서로 따뜻이 보살피는 정이 많은 민족이 우리들이다.

오늘 오랜만에 어머니의 나비 함지를 떠올려보며 잠깐 행복한 시간을 가졌고, 마음이 따사로워졌다.

그 시절 부조로 보내온 나비 함지의 떡들은 잔칫집 주인이 고마운 마음으로 살핀 후 잔치 음식으로 차려지고 함지 제일 마지막 한 줄 떡은 '밑절미'라 해서 남긴 후 가져온 보자기에 도로 싸서 보내온다.

수고한 만큼의 답례라고 해야 할까, 고마움을 그렇게 표현한다. '밑절미' 생소한 단어라서 사전을 찾아보니 본래부터 있던 것(물건의 기초를 일컬음)이라고 적혀있다.

보내준 주인에게 본래대로 보낸다는 뜻인가, 서로에 대한 큰 고마움과 배려가 참 아름다운 우리 어머니 세대의 풍습이다.

날렵한 '나비 함지'보다 투박하고 질박한 '나부 함지'라는 어머니의 사투리가 지금 생각해도 참 정이 가는 듣기 좋은 말이다. 항상 그렇게 부르던 어머니의 따뜻한 심성이 내내 잊히지 않고 결혼식 소식만 들으면 그 말이 먼저 떠오른다.

어머니 나부 함지의 식지 않는 정성이 마음 훈훈한 하루였다.

참외를 깎다가

 농협마트 입구에 과일 판매대가 보인다.
 맨 앞줄 오른쪽에 노란 성주 참외가 수북이 쌓여있다. 아직 초봄인데 여름 과일인 참외가 맛이 제대로 들었을까? 의심하며 하나를 골라 들고 살펴봤다. 샛노란 색깔이며 선명한 줄무늬, 코에 대어 보니 달콤한 향까지 진하게 풍긴다. 어째 맛있을 것 같은 예감에, 다섯 개를 봉지에 담아 카트에 넣으며 흐뭇했다.
 올해 과일값은 예년의 배도 넘게 비싸고 품질도 신통찮았는데 방금 산 참외는 배신할 것 같지 않은데 과연 괜찮을까. 사과 네 개를 만 원에 사서 오던 날 깎아 먹기가 아까웠다. 과일 가게가 아니고 석사동 국민은행 앞 노점에서 산 것이라 조금 싼 가격이다.
 친정어머니가 생전에 참외를 제일 좋아하셨다. 과일 중에 제일 먼저 손이 간다고 하신 말씀이 참외만 보면 생각난다.

어머니 뵈러 산소에 갈 때면 난 꼭 참외를 산다. 참외를 고를 때 꽤 신중히 살피고 고른다. 어머니가 '얘야! 맛있구나, 아주 달구나.' 하실 것 같아 빛깔과 냄새와 크기에 신경을 써서 산다. 귤이나 배를 살 때는 냄새를 맡아보지 않지만, 참외를 살 때는 꼭 코로 한참씩 냄새를 맡고 바구니에 담는다. 인물이 아주 좋아 고른 사과도 어느 땐 맹탕으로 싱거울 때도 있고, 배도 인물이 훤해서 골라 와도 신맛이 날 때가 간혹 있다.

과일 고르기는 사람 됨됨이와 조금 닮은 것 같은 생각을, 과일 살 때 자주 느낀다. 올망졸망하고 오종종해도 의외로 단맛을 몸 가득히 담고 있는 사과를 만났을 때 좋은 친구를 곁에 둔 것 같은 듬직한 마음에 정이 가고 흐뭇해지기도 한다.

지난해 날씨 변덕으로 올해 과일값은 천정부지로 높아 상자로 사 먹는 건 언감생심 대여섯 개씩 봉지에 담아오면 왜 그리 빨리 없어지는지, 늘 감질나게 부족했다.

후식으로 먹는 과일이 냉장고에 바닥이 났을 때 공연히 안절부절못하기도 하고 허전해 오는 마음을 여러 번 느꼈다.

푸짐하게 과일을 사다 냉장고 아래 칸에 채워 놓은 날은 마음이 부자 된 것같이 든든해지는 것은 솔직히 나만의 욕심은 아닐 것이다.

요즘이야 계절을 초월해 한겨울에도 달콤한 딸기를 먹을 수도 있고, 이른 봄에도 시원한 수박을 만나기도 하지만 그래도 과일은 제철에 만나는 것이 제일 달고 맛있는 것 같다.

오늘 어머니와 참외를 함께 생각해 본 귀한 시간 너머에는 늘 부족했던 어린 시절의 먹거리가 문득문득 고개를 들기도 한다.

우리 집에 없던 고야 나무가 뒷집엔 두 그루나 있어 여름 방학 시작 무렵에 뒷집 담장 너머를 흘깃거리다 보면 어느새 어머니는 하얀 사기 주발에 빨갛게 익은 고야를 담아 슬그머니 내 손에 쥐여주셨지. 너무 반가워 깡충깡충 내가 뛰어오면 "천천히 먹으렴, 체할라, 음식은 욕심내면 탈 난다."라고도 하셨지. 어머니의 너그러운 목소리와 인자한 눈빛이 오늘은 많이 그립다.

환갑을 지내신 후 서울 큰오빠네로 솔가해 가신 후 가끔 들른 내게 늘 고향 이야기를 하셨다.

꼭 이맘때 판관터 뒷산에 취나물이 한창이겠네, 하시기도 하고, 잔대싹과 곤드레가 된장국과 참 어울리는 맛인데, 그 맛을 보고 싶네, 나를 보고 빙그레 웃으시며 아쉬워도 하셨다.

지금은 택배도 많아 얼마든지 서울에서도 맛보실 수 있

었는데 80년도 그때는 고향에 가기 전에는 그 음식을 드실 수가 없으셨다.

오후에 길 건너 우체국에 평창 곰취 값을 부치러 간 길이다. 우체국 사무실이 의외로 북적인다. 내가 볼일 보러 간 금융 쪽이 아니라, 택배 쪽에 사람들이 줄을 서서 차례를 기다린다.

무슨 일이지? 아, 내일이 어버이날이구나. 부모님께 보낼 선물을 들고 온 사람들이었다. 끊임없이 드나드는 사람들의 얼굴은 모두 행복해 보인다. 얼마나 보기 좋은 풍경인가. 볼일을 끝낸 내가 쉽게 자리를 뜰 수 없어 한참을 줄 선 사람과 손에 든 귀한 선물을 바라보며, 나도 저 줄에 서 있었으면 얼마나 좋을까? 눈시울이 뜨거워진다.

그들의 손에 들려있는 사랑과 고마움을 나도 손에 들고 싶어 마음이 아픈 만큼 내 나이가 야속해지기도 했다.

천천히 일어나 우체국 문을 나서며 예전 무심했던 내 마음을 다독이지 못하고 끝내 눈물이 터지고 말았다.

지금쯤 고향 뒷산에는 진달래 지고 시냇가에는 철쭉꽃이 피었을 오월 초순이다.

내 유년의 추억이 아롱아롱 생각나는데, 이제 나는 쉽게 그곳을 찾아갈 수 없다.

고향집 텃밭, 감자밭 고랑에 내 조그만 발자국이 오밀조밀 찍혀 있을 것 같고, 풋옥수수 수염이 절반쯤 마르면 그 옥수수 따려고 까치발 한 단발머리 내가 거기 밭고랑에 서 있을 것 같은데, 늘 꿈꾸듯 잊히지 않는 풍경과 바람 소리는 여든을 눈앞에 둔 노년에도 그립기만 하다.

오늘은 노란 참외를 깎다가 어머니가 생각났고, 어버이날 선물을 챙기는 이웃을 보면서 어머니가 많이 보고 싶은 날이다.

가끔 옛날을 떠 올릴 수 있는 생각이 문득 찾아들면 난 그 기억에 잠시 빠져드는 시간이 요즘 들어 잦아서 반갑고 소중해진다.

나이 든 징조일까, 싫지 않다.

사는 게 재미있으세요?

 사는 게 재미있으세요?
 만천리 암반수 목욕탕 옆자리 할머니가 머리를 감다 말고 느닷없이 내게 물어 온 말이다.
 아유, 재미없어요. 팔꿈치에 비누를 잔뜩 묻힌 내가 빠르게 튀어나온 대답이다. 이것저것 생각할 사이도 없이 무슨 의미로 내게 물었는지 속내도 모르면서 우선 대답이 나와 버린 것이다.
 "몇이시우?"
 "난 잔나비띠인데."
 할머니 두 번째 말에 "제가 두 살 적군요." 나이 든 사람들이 쉽게 소통되는 말은 서로 나이를 알아보는 일이다.
 "아유, 동갑이네, 아니면 두 살 위시네요."
 서로 나이로 서열이 정해지고 나면 일사천리로 친구가 된다. 사람을 쉽게 사귀지 못하는 데면데면한 성격인 나도 가끔은 누가 스스럼없이 말 걸어 오면 반가울 때가 있다. 오늘 목욕탕 소통이 바로 그렇다.

그 할머니는 그날 이후 목욕탕에서 다시 만나지 못했다.

붙임성이 좋고 푼푼한 성격으로 보아 또 어떤 낯선 사람에게 스스럼없이 다가가 이야기꽃을 피우겠지. 나는 그런 성격이 부러우면서도 쉽게 따라 하지 못한다.

며칠 전 그 할머니 생각이 문득 나서 춘천 친구 두 명에게 물었다.

"사는 게 재미있니?" 두 친구가 입을 맞춘 듯 "재미는 무슨, 재미없어야." "그냥 사는 거지." "참 나이 드니 재미없어지네." "몸 여기저기 고장 나지." "마음은 버석거리게 메말라지고 자신감도 통 없어지네."

"식탁 위에 약봉지 숫자는 작년의 배로 늘어나고 도무지 신나는 일이 없어야." "재미는 무슨, 약에 쓸래도 없구먼."

느닷없이 물은 내가 오히려 머쓱해 말꼬리를 흐리고 말았다.

춘천에 사는 동창 두 친구와 망년회를 가졌다.

한 달에 두 번 정도 만나 밥도 먹고 수다도 떠는 사이이고, 세 사람 단톡방도 있어 누가 감기 들었는지, 누가 저녁을

굶었는지, 세세히 아는 사이지만 그래도 제목을 붙여 셋이 2022년 송년회를 했다.

퇴계동 하나로 마트 3층에서 버섯 불고기를 보글보글 끓여 점심을 먹고 식당에서 5분 거리인 친구네 거실에서 수다방을 열었다. 전기장판 위에 이불을 깔아 놓아 따끈따끈한 바닥에 푸지게 발 집어넣고 앉아서 얘기에 얘기를 얹어 오후 시간을 보냈다.

"느네, 자고 갈래?" 집주인 친구가 12월 햇살이 설핏해지자 슬쩍 우리를 띈다. 두 친구가 2년 사이로 남편을 이별한 터라 돌아가야 모두 혼자다. 두 친구가 내 눈치를 슬쩍 본다. "넌 기다리는 남편이 있으니 일어나야지. 저녁 시간 늦겠다." 내 옆구리를 쿡쿡 찌른다. 나도 오늘은 그냥 여기서 셋이 밤새우고 싶었다. 남편 저녁 혼자 해결하라고 할까, 잠시 솔깃해 머리로 재빠르게 계산하고 있었다.

그래, 한나절 수다로 올해를 보내고 내년 봄 개나리 노랗게 필 때 봉평 고향 나들이나 가자고 두 친구에게 말하고 따뜻한 이불 속에서 발을 빼고 일어섰다.

곧 봄이 오면 우리를 키워 준 나이 든 고향집도 돌아보고, 면사무소 뒤로 이사한 중학교도 찾아보고, 멀리 태기산 아래 사는 몸이 아파 고단한 동창생 얼굴도 보고, 그러자고 애써 미련을 버리고 돌아왔다.

　아파트 문을 나서니 숨어있던 영하의 찬바람이 기다렸다는 듯 두 볼에 차갑게 달려든다. 발밑에서 뽀드득뽀드득 얼어버린 눈길이 미끄럽다.

　참 오지게 추운 겨울이다. 벌써 2주째 계속되는 장대추위는 우리를 힘들게 하고 어깨가 오스스 움츠러든다.

　서면 쪽으로 기우는 한겨울 햇살이 마냥 추운 얼굴이다.

　예전엔 겨울이면 눈도 푸짐히 내렸다.

　버스를 타고 눈 내리는 날 차창 밖을 내다보면, 조용히 내리던 눈송이가 바람을 만나면 세차게 창문을 향해 미친 듯이 달려든다.

　치열하게 살아가는 우리네 삶과 같구나! 문득 그 눈발이 생각나서 멀리 안마산 쪽을 쳐다본다.

　사는 게 재미있으세요?

　누군가 다시 나에게 물으면 이젠 이렇게 대답하고 싶다.

　'사는 게 재미만 있으면 인생이 너무 밋밋하잖아요. 더러는 재미지고 더러는 치열해야 우리가 단단해지니까 하늘이 내게 주는 만큼 받으며 살아가야죠.'

　그냥 그렇게 살면 됩니다.

두 번 고마운 날

참 다행이다.

나이가 들면서 하루가 무탈하게 지나가 주는 게 그렇게 고맙고 다행스러울 수가 없다.

내가 푸르게 젊을 때는 웬만한 일은 그럴 수도 있어, 내일이면 모두 괜찮아질 거야, 그렇게 믿기도 했고 또 잘 넘어가 주었다.

그러던 모든 일이, 칠십을 넘기고 팔순을 바라보는 지금 시점이 되고 보니, 매사가 그냥 쉬 넘어가지 않고 자꾸 까탈을 부린다. 오늘도 난감한 일을 두 번이나 당했는데 다행히 나를 도와주는 고마운 두 사람을 만나, 일 마무리가 매끄럽게 넘어가 안심되는 마음을 어떻게 표현할까? 컴퓨터 앞에 앉았다.

올해 초 두 번째 수필집을 마무리하고 싶어, 그동안 써 놓은 작품을 고르고 추스려 강원문화재단 창작지원금 신청을 했었다.

 다행히 선정되는 기회를 얻어 올 한 해는 가을쯤 내야 할 작품을 선정하고, 다시 매만지고 퇴고하며 바쁘게 보내야 할 것 같아 마음이 두근거렸었다.

 좋은 일에는 항상 빌미를 넣어 발이 걸린다더니 3월 말일께 남편이 사고를 당했다.

 한밤중에 화장실을 다녀오다 안방 문설주를 지나다 미끄러졌다. 곤히 자던 내가 쿵! 소리에 깜짝 놀라 깨어보니, 남편이 넘어져 꼼짝을 못 한다.

 왼쪽 고관절 쪽을 다친 것 같아 겨우 부축해 침대에 눕히고 살펴보니, 어느 정도 부상인지 가늠이 안 된다. 옆동에 사는 아들네를 부르고 119에 도움을 요청해 성심병원 응급실로 달려갔다. 응급실 규칙상 환자만 응급실로 들어가고 보호자는 대기실에서 결과를 기다려야 한다.

 두 시간을 넘게 기다리다 보호자 호출이 있어 병실로 들어가 보니 CT상에는 뼈 이상을 발견 못 했다는 결과를 들었다. 응급처치 후 약을 받아서 집으로 돌아오는데, 걷는 게 어려워 의료기 대여점에서 휠체어를 대여해 집으로 돌아왔다.

 4일 후 정형외과 외래진료가 잡혀있어 담당 선생님의 진료

결과, 가는 실금이 보인다고 하신다. 많이 움직이지 말고 뼈가 붙을 수 있도록 조심해서 집에서 치료하라는 처방을 받았다. 그 난리를 겪고 있는 와중에 강원문화재단 카톡 문자도 확인 못 하고 시간이 지나갔다.

 오늘 오후 강원문화재단 담당 선생님의 전화를 받았다. 교부금 신청서가 접수되지 않아 연락했노라며 마감일이니 서류를 챙겨 오늘 안으로 다녀가라는 내용이었다.

 남편 다치는 바람에 정신을 쏟다 일을 그르칠뻔한 사건이 생긴 것이다. 필요한 서류를 부랴부랴 챙겨 재단 사무실을 찾았다. 민망하고 죄송스러운 마음에 고개를 들 수 없었다. 담당 선생님은 의외로 친절하셔서 당황해하는 나를 찬찬히 대해 주시며 서류 신청을 마무리할 수 있게 도와주셨다. 고맙습니다. 인사하고 돌아오는 나를 엘리베이터 앞까지 배웅해 주시며 환하게 웃으며 배려해 주셨다.

 강원문화재단 사무실을 나와 큰길에 잠시 우두커니 섰다.
 사월의 햇살은 눈부시게 빛나고 있는데 나 자신을 돌아보니 후줄근하게 풀죽은 내가 초라하고 가여워 보였다. 버스 정류장을 하나 지나치고 다음 정류장까지 천천히 걸으며 잠시 나 자신을 다스려 본다.

그래 정신을 바로 세우자. 아무리 어려운 일을 당하더라도 자신을 올바로 갖고 헤쳐나가자. 오른손으로 왼쪽 어깨를 토닥이며 잘될 거야, 힘내는 거야, 발걸음이 조금씩 씩씩해졌다. 길옆에 노란 금계국이 나를 위로하는 듯 노란 얼굴로 환하게 웃는다. 사월 햇살이 의외로 뜨거워 버스 한 정거장을 겨우 걷고, 다시 버스를 타고 집으로 돌아왔다.

아파트 현관 앞 검은 봉투에 무언가가 가득 담겨 나를 기다린다.

뭐지? 봉지를 열어보니 세상에! 들기름 여섯 병이 차렷 자세로 가지런히 담겨있다.

지난가을 친구에게 들깨를 부탁해 놓고 찾아오지 못한 채 엊그제 기름이 바닥이 났는데 챙길 엄두도 못 내고 있었다. 속 깊은 친구가 기름집에서 기름을 아예 짜서 우리집 대문 앞에 놓고 갔구나. 가방에서 핸드폰을 꺼내보니 조금 전 강원문화재단에서 서류 챙기느라 무음으로 바꿔놓고 그대로 잊고 있었다. 친구 문자가 뜬다. '남편 간호 때문에 힘든 것 같아 들기름 짜서 배달했으니 잘 챙겨 먹고 씩씩하게 지내.' 친구의 마음 씀이 너무 고마워 나는 잠시 말을 잊었다.

무슨 일이 꼬이거나 걱정거리가 생기면 내가 제일 먼저 찾는 친구다. 나이는 동갑인데 생각하는 거며 일 주선하는 게 꼭 손위 언니 같은 존재다. 내 이야기에 늘 귀 기울여주는 배려심 많은 친구다. 광판리 햇볕 잘 드는 밭에서 잘 여문 들깨를 사서, 무릎이 신통치 못한 나를 생각해 물에 깨끗이 씻어 베란다에서 보송보송 말려, 맑고 고소한 기름을 짜서 집 앞에 갖다 놓고 간 친구의 진심이 보인다.

  오늘 내가 허둥대고 놀라고 자신감이 오그라들던 그 힘 듦의 갈피 속에 이렇게 따뜻한 배려를 차곡차곡 끼워 넣으니 가슴속 깊은 곳에서 작은 자신감이 소물소물 온 가슴을 가득 채워온다.

  모두 고맙습니다.

  오늘은 두 번 고마운 일이 너무너무 감사합니다.